SUDOKU
CHALLENGE

200 fiendish Sudoku puzzles with a twist

How to use this book

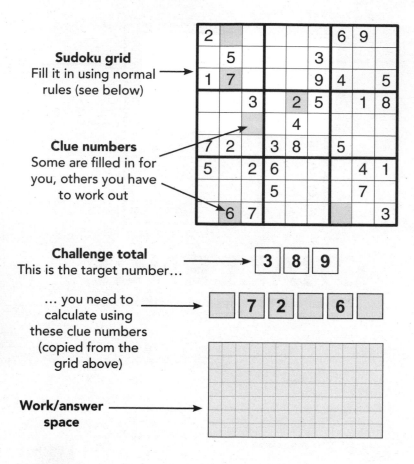

Sudoku grid
Fill it in using normal rules (see below)

Clue numbers
Some are filled in for you, others you have to work out

Challenge total
This is the target number...

3 **8** **9**

... you need to calculate using these clue numbers (copied from the grid above)

7 **2** **6**

Work/answer space

In **Sudoku Challenge**, you fill in the Sudoku puzzle following the usual rules: one each of numbers 1 to 9 in each row, column and 3 x 3 box.

When the grid is complete, copy the **clue numbers** into the boxes below it, working left to right from the top left corner. Then, using the workspace, work out how to calculate the **challenge total** using the **clue numbers**.

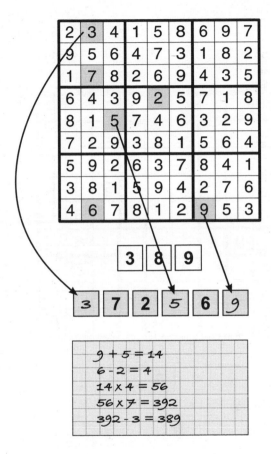

You may find more than one way to work out the Challenge total, however you get there is OK as long as the sums add up! You don't have to use all the **clue numbers**.

Harder puzzles come with more difficult Sudoku grids and fewer **clue numbers**. Good luck!

Puzzle 1

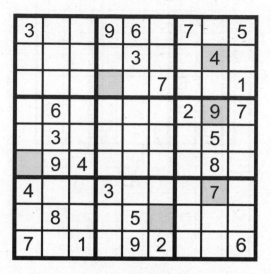

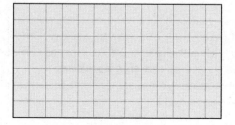

Puzzle 2

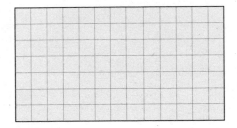

Puzzle 3

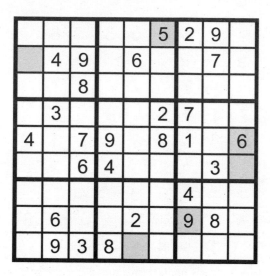

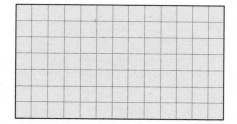

Puzzle 4

4		7		2				
		6				7		4
	8	3		9				
7	4				5			
6				3				8
			9				7	1
				1		6	3	
1		8				4		
				6		1		7

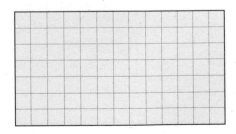

7

Puzzle 5

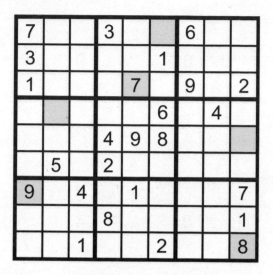

7			3			6		
	3					1			
1				7		9		2
					6		4	
			4	9	8			
	5		2					
9		4		1				7
			8					1
		1			2			8

| 4 | 3 | 7 |

| | 7 | | | 9 | 8 |

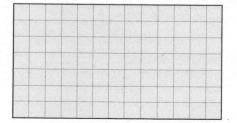

Puzzle 6

6								1
	7	8			5	9	4	
		1		3				
	8			1				7
	9		5		3		8	
2				8			9	
				6		7		
	3	2	4			8	6	
9								4

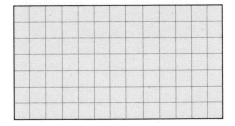

Puzzle 7

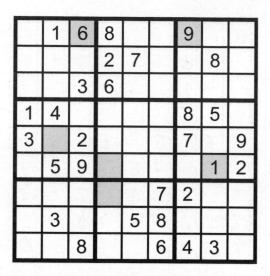

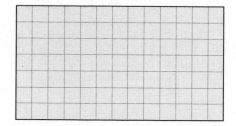

Puzzle 8

			9			4	8	
		8	5					3
	9			2				7
		5			2		7	
	4		7		8		1	
	7		4			6		
5				4			2	
7					1	8		
	3	1			7			

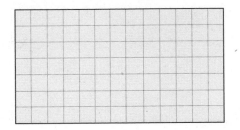

11

Puzzle 9

4				5	1		8	
1					4		5	7
			7	6				
5	7	9						
		6				9		
						7	4	2
				1	6			
9	8		4					6
	1		9	8				4

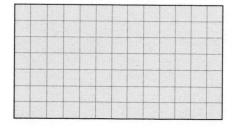

Puzzle 10

EASY

		9	1		4	8		2
	2			8		7		
8							6	
	9		8			5		
1								3
		5			9		8	
	8							1
		1		6			2	
9		7	2		8	3		

6 9 6

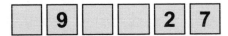

9   2 7

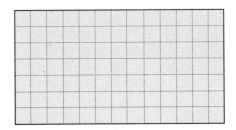

Puzzle 11

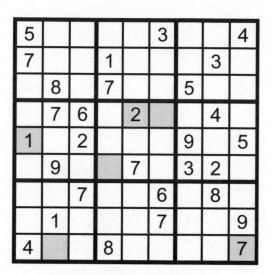

5					3			4
7			1				3	
	8		7			5		
	7	6		2			4	
1		2				9		5
	9			7		3	2	
		7			6		8	
	1				7			9
4			8					7

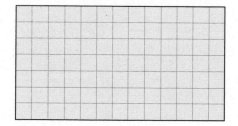

Puzzle 12

		8		9			2	
			3					
	3	7			1			4
		9	6		3		4	
1								2
	2		4		7	8		
3			9			4	6	
					4			
	6			3		1		

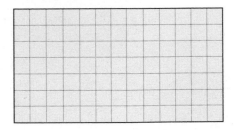

Puzzle 13

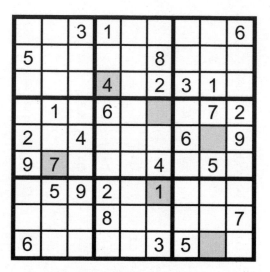

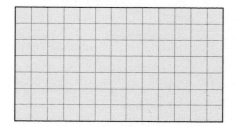

Puzzle 14

	2		6					8
	6					5		
4				1	9			
	8			7		3		2
		9				7		
7		3		9			5	
			4	2				9
		4					1	
8					3		6	

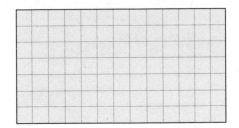

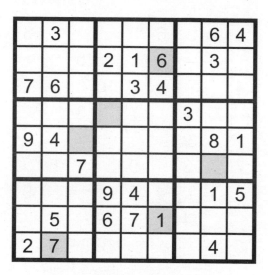

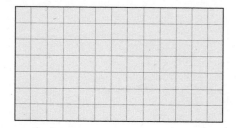

Puzzle 16

		9	7	8				
5	4			9		3		
					5	7		
4	7		9				2	
		3				1		
	2				6		9	7
		1	5					
		6		2			7	1
				3	1	5		

| 5 | 7 | 2 |

| | 4 | | 6 | 5 | |

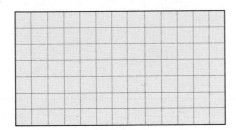

Puzzle 17

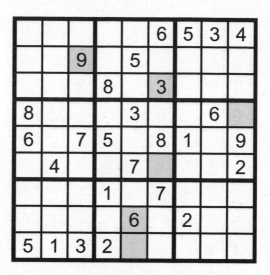

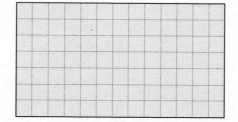

Puzzle 18

				8			6	3
						1		5
4					6	7		
9		8					1	4
				1				
7	5					8		2
		2	4					7
5		4						
1	8			9				

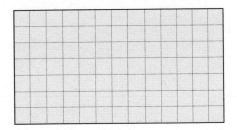

Puzzle 19

6	9			1	7	4		
5						3		
	1		4		3			
			5	2				
	4						2	
				8	6			
			6		8		9	
		2						4
		7	3	4			5	6

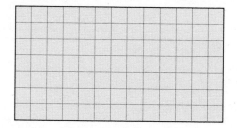

Puzzle 20

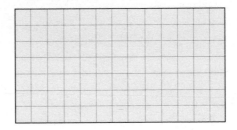

Puzzle 21

6				4		2	8	
		4				9		
	2		6		7		4	
9			4		8			
		5				6		
			1		5			2
	9		5		6		7	
		1				3		
	4	8		3				5

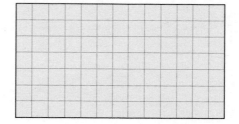

Puzzle 22

					6		1	2
			8		1	9		5
5						7	6	
				9			2	
7		1				3		6
	9		2					
	5	2						3
8		4	1		2			
1	3		7					

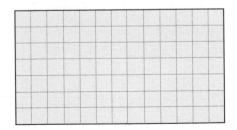

Puzzle 23

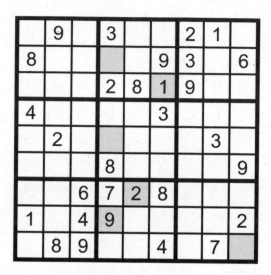

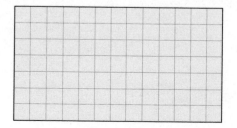

Puzzle 24

	7	2	1					
9					5			2
5	8						7	
	6	8		5	2			
	9			4			2	
			3	7		8	6	
	4						5	3
1			4					8
					9	7	4	

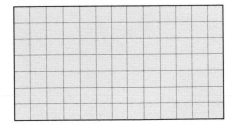

3 5 7

1 | | | 2 | 4 |

Puzzle 25

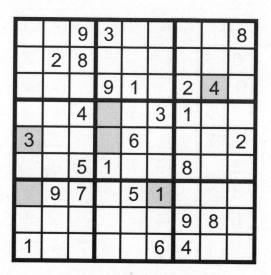

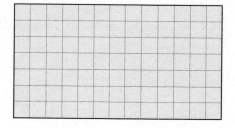

Puzzle 26

								4
8	1		4				3	7
			8		6			2
			2	6				8
	9						1	
3				8	9			
4			5		1			
5	7				4		2	9
9								

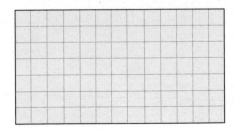

Puzzle 27

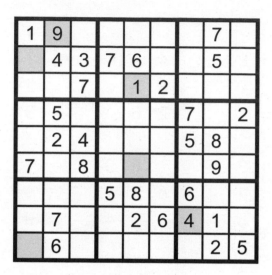

1	9						7	
	4	3	7	6			5	
		7		1	2			
	5					7		2
	2	4				5	8	
7		8					9	
			5	8		6		
	7			2	6	4	1	
	6						2	5

| 6 | 4 | 8 |

| 9 | | 1 | | 4 | |

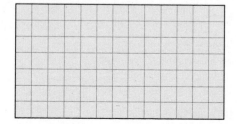

Puzzle 28

	5				6	2	3	
	4	2	9				5	
8								7
			5					
		1	6	8	3	5		
					7			
5								4
	8				9	1	2	
	9	7	3				8	

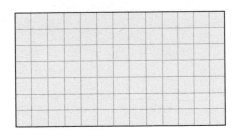

EASY

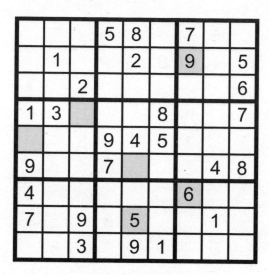

			5	8		7		
	1			2		9		5
		2						6
1	3				8			7
			9	4	5			
9			7				4	8
4						6		
7		9		5			1	
		3		9	1			

| 3 | 4 | 9 |

| 9 | | | | 6 | 5 |

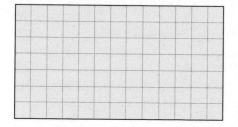

Puzzle 30

	5		9	6				
		4	8					
8						9	5	
		9	3				4	6
		7				3		
6	2				8	7		
	4	2						9
					3	6		
				8	9		2	

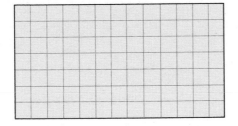

Puzzle 31

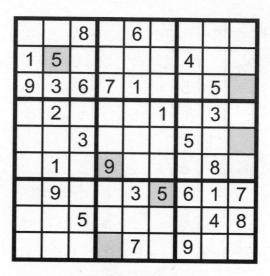

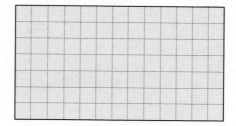

Puzzle 32

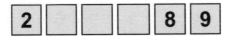

1								2
					5	1	4	
	2	5	8					6
	3			9	8	6		
	1						9	
		8	4	5			3	
7					4	9	8	
	5	9	7					
8								7

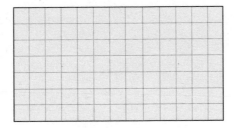

35

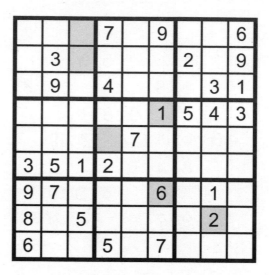

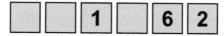

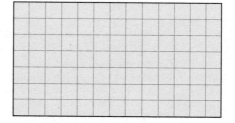

Puzzle 34

					1		8	
3				6		1	9	
4				9				
8				7			2	
	5	1				3	4	
	7			2				5
				4				1
	3	7		1				8
	2		3					

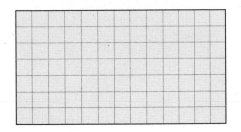

Puzzle 35

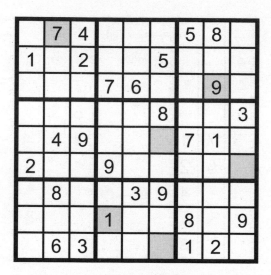

	7	4				5	8	
1		2			5			
			7	6			9	
					8			3
	4	9				7	1	
2			9					
	8			3	9			
			1			8		9
	6	3				1	2	

| 2 | 6 | 9 |

| 7 | 9 | | | 1 | |

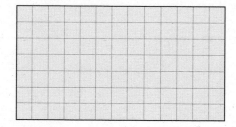

Puzzle 36

4						6		
			6		8			
			2		1	7		3
						5	9	
9	7	1				2	6	4
	5	2						
3		4	1		5			
			8		4			
		6						9

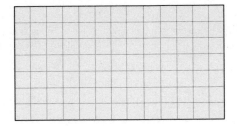

Puzzle 37

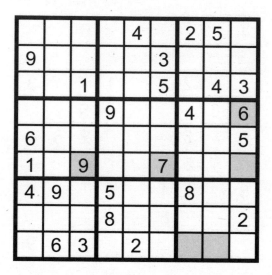

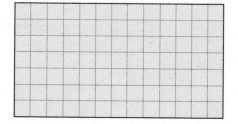

Puzzle 38

			7		3			
5			4	2				
		2	5			7	6	
	6				8	4		3
		3				9		
7		5	9				8	
	4	6			5	8		
				6	9			2
			3		7			

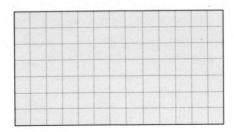

41

E
A
S
Y

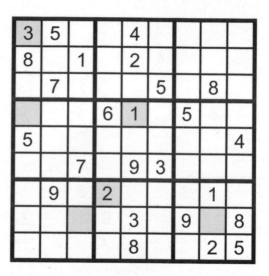

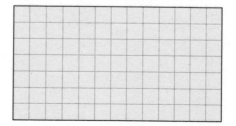

Puzzle 40

5	9			7				
		7				2		
			3	2				1
4	8						1	
			1	5	9			
	7						3	6
1				3	2			
		9				6		
				8			4	5

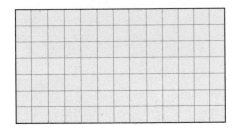

43

Puzzle 41

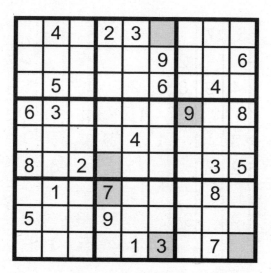

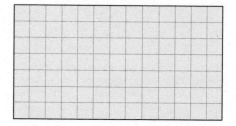

Puzzle 42

6	7		3					
		2						4
4	9	8	2					
				6	3		4	9
3								7
2	8		4	7				
					1	4	7	3
9						8		
					4		5	1

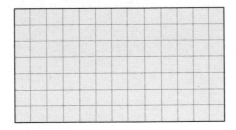

45

Puzzle 43

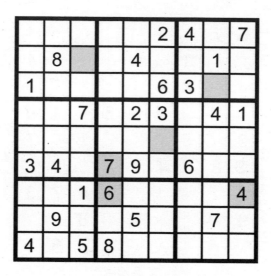

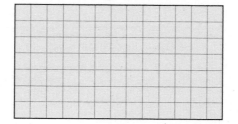

Puzzle 44

	6			1			5	
		1	6	4			8	
		8					7	
	1		4		5			7
		5				8		
9			7		3		1	
	2					3		
	3			6	9	1		
	4			5			6	

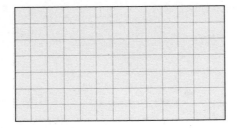

47

Puzzle 45

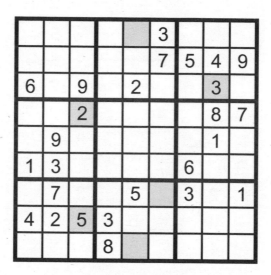

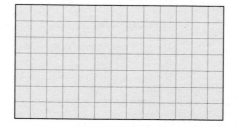

6	7		9		8			4
				7			9	
		1			3			7
4		6					1	8
7	8					6		5
8			4			9		
	2			5				
9			3		7		4	2

4	8	7

	1		5	4	

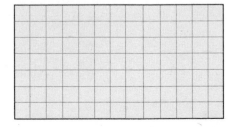

Puzzle 47

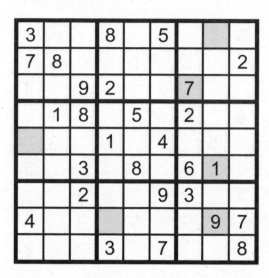

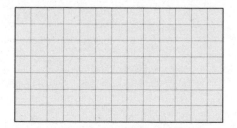

Puzzle 48

7	1		5					
		8		9	1		4	
			2	8				1
9		6					1	
	5						3	
	8					5		9
4				6	8			
	2		3	5		8		
					2		9	4

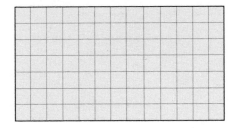

Puzzle 49

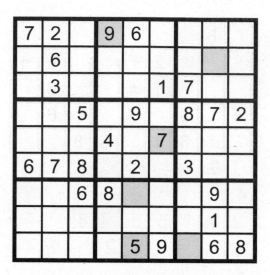

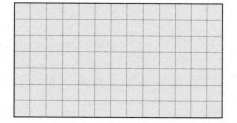

Puzzle 50

	6							8
			2				9	6
			1	4			3	
4		9		7			6	
		6	4		5	8		
	3			9		1		4
	9			6	3			
3	7				4			
6							5	

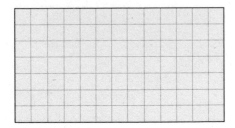

Puzzle 51

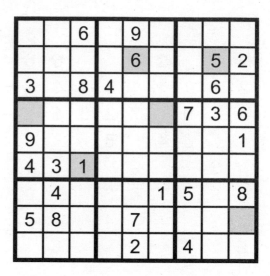

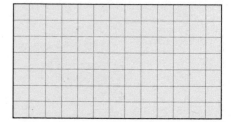

Puzzle 52

		6					7	3
			8				6	
2		9			6	1	4	
5					2	3	1	
			4		8			
	9	2	3					6
	8	7	5			2		1
	4				3			
9	2					4		

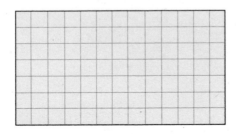

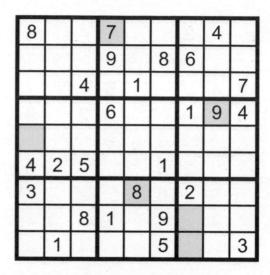

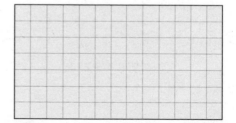

Puzzle 54

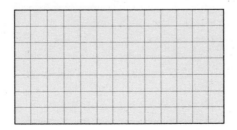

EASY

				9	7	4	2	
			6				8	
				1			3	5
5				7			4	8
4								1
1	3			6				9
7	5		9					
	4				5			
	1	6	4	3				

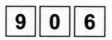

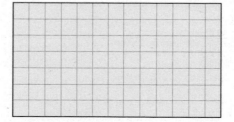

Puzzle 56

	8	7		2				1
						9		7
			5			4		
	7				5			9
6			7		1			8
2			8				6	
		8			6			
5		6						
7				4		6	1	

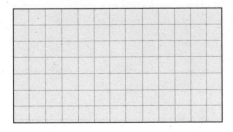

Puzzle 57

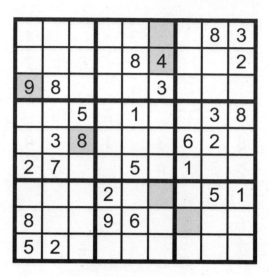

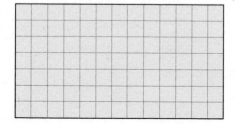

9				8		1		2
					2		5	
		2	5	6				8
					7	6	3	
8			3		1			4
	3	1	6					
7				3	5	4		
	4		9					
1		6		7				5

3 0 8

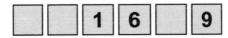

1 6 9

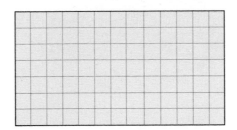

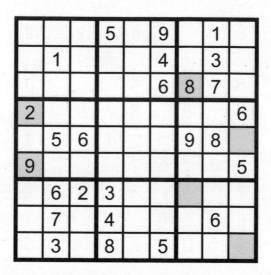

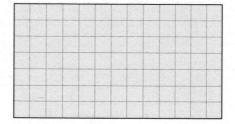

	9		2		7		6	4
		7						
8		6		4				1
4		8		6				
				2		3		7
7				5		9		3
						7		
6	5		1		3		8	

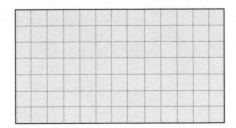

Puzzle 61

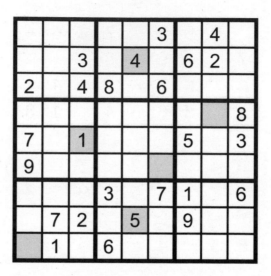

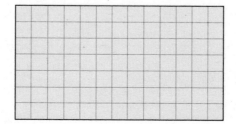

	5	8			6	2		
7		4	5		8			
			7				4	
		7	6		4		1	8
6	4		8		5	7		
	7				1			
			9		2	6		1
		9	4			5	3	

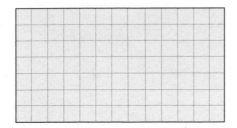

EASY

4				2	7		8	1
	8						6		
	2	3						
	6		3		9		7	
			4		8			
	7		5		2		3	
						2	4	
		5						7
7	4		6	8				5

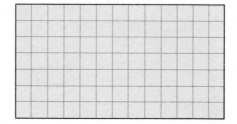

Puzzle 64

	1				3			7
3				4	1			5
				5			8	
5				3				
	9		7		4		1	
				6				8
	8			2				
1			5	7				6
9			4				3	

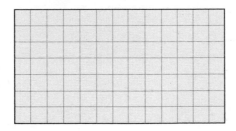

EASY

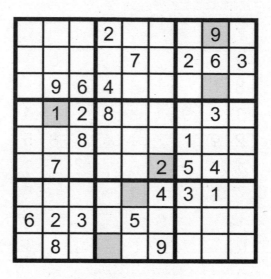

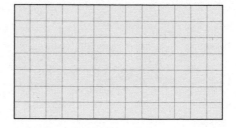

7		1			6	9		
	9							5	
8	6			4	3			
		9			5			4
2	7						8	5
1			8			2		
			6	8			9	3
	9							2
		7	4			8		1

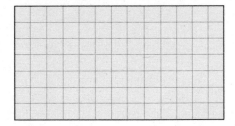

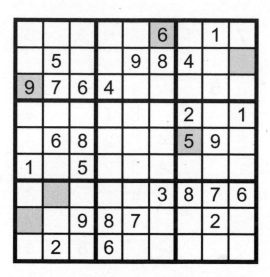

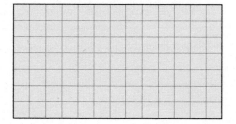

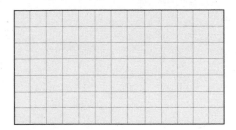

Puzzle 69

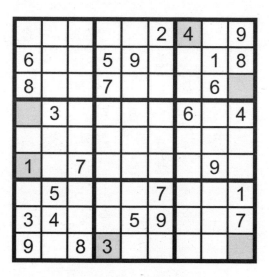

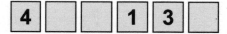

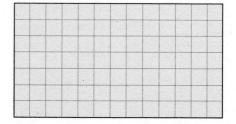

Puzzle 70

				3				2
			9			3		
	7	4	1					8
	1				6		5	
	6	5		7		4	8	
	2		8				7	
8					1	7	6	
		1			4			
5				8				

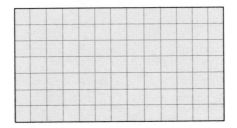

Puzzle 71

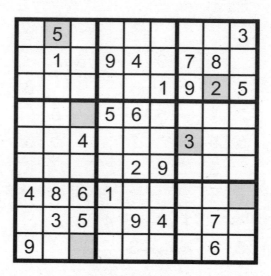

	5							3
	1		9	4		7	8	
					1	9	2	5
			5	6				
		4				3		
				2	9			
4	8	6	1					
	3	5		9	4		7	
9							6	

5	9	5

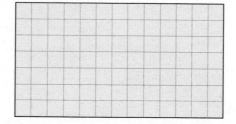

5	2		3		

4		3				1		
			3					
				6		9		2
2			5	9			8	
5		7		1		4		6
	3			4	7			9
9		5		8				
					4			
		8				2		7

7 0 1

9 6 8

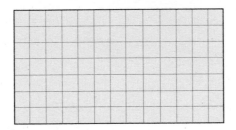

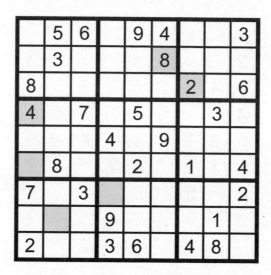

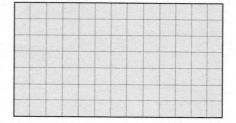

Puzzle 74

					5	9	2	
2				6		5		1
	4		2			6		
4			9			1		
	3						9	
		8			4			5
		3			9		7	
1		4		7				6
	7	6	4					

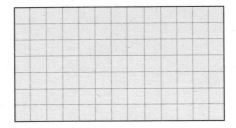

77

E
A
S
Y

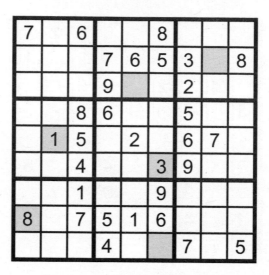

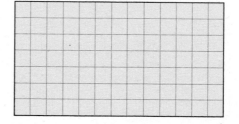

		8	7				1	
				6		4	5	
	3		5				7	
		6	2	5	7			
			4		8			
			1	3	6	7		
	7				9		8	
	9	2		7				
	1				5	9		

6	3	6

	4		8	2	

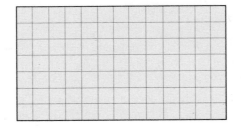

	8	2			5	7		
		6					5	3
	7			3	6			
		5	6	9	4		3	
9								2
	6		1	2	3	5		
			7	5			6	
6	9					2		
		1	9			3	8	

| 7 | 9 | 2 |

| | 3 | 4 | 5 | | |

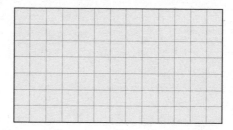

Puzzle 78

	7			9	2			
8		5		1	3			
9							7	
	8						5	1
5		1				3		9
6	2						8	
	5							6
			4	2		5		3
			1	6			2	

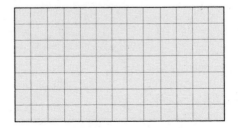

Puzzle 79

E
A
S
Y

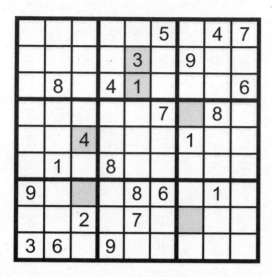

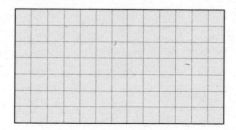

Puzzle 80

				5		1	9	
	9		1					8
	4			2	3	7		
						8	2	7
		2				6		
6	3	7						
		8	2	6			7	
2					1		8	
	6	9		3				

| 3 | 6 | 2 |

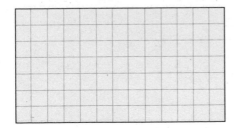

Puzzle 81

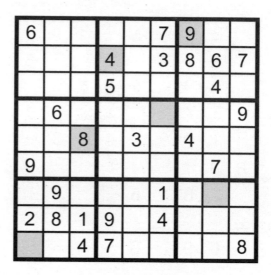

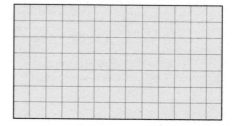

Puzzle 82

	3			8				
	9	8	7					
				6		3	7	
	5	7	2					
	1		9		4		3	
					8	4	5	
	2	5		9				
					7	6	2	
				2			9	

5 4 4

2 5 7

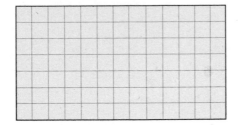

Puzzle 83

	9		7	2			4	
7				1			8	
		4	3			6		1
2				6	5			
		5				8		
			8	3				5
9		3			1	7		
	1			5				6
	5			7	8		1	

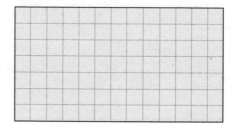

Puzzle 84

	3	4						
		5	6		9			
	9				3		7	
8				6			9	
7		6		9		5		1
	4			1				2
	6		8				4	
			1		5	7		
						1	2	

4 8 9

3 8 1

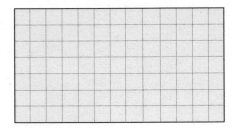

87

E A S Y

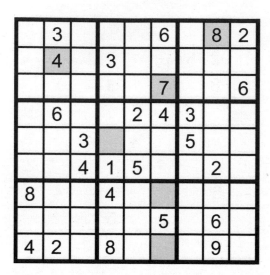

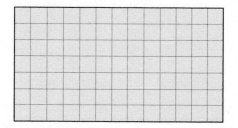

4			3				6	8
	2		8					
7	8			1	4			
		4		6	7			9
6			4	2		7		
			1	4			9	3
					3		7	
1	3				5			6

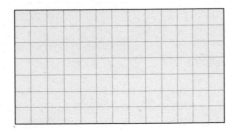

Puzzle 87

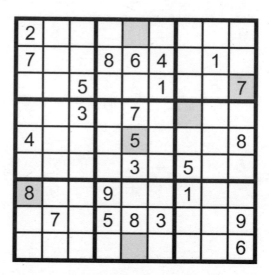

2								
7			8	6	4		1	
		5			1			7
		3		7				
4				5				8
				3		5		
8			9			1		
	7		5	8	3			9
								6

9 **4** **6**

7   **5** **8**

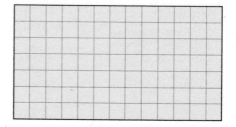

Puzzle 88

9			4				1	6
			9	7		3		
			2					
	7	3				1		4
		2				7		
4		6				5	2	
				3				
		9		6	2			
6	1				5			7

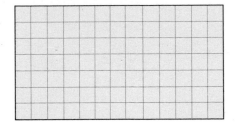

Puzzle 89

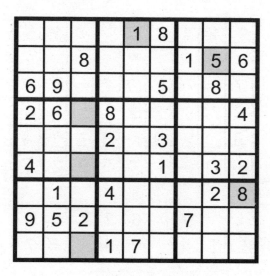

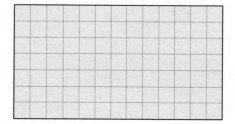

Puzzle 90

	2	1				8	7	
	9							2
7				9	2			
9			7	2				
3			9		8			4
				4	5			7
			4	8				1
6							9	
	1	4				7	6	

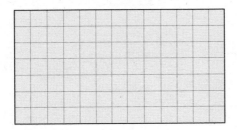

93

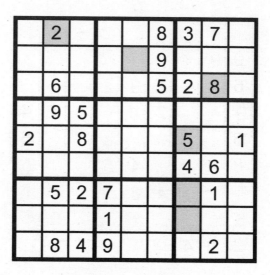

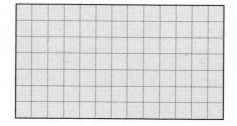

Puzzle 92

					2		6	3
9		4		5				
6			9					
				1			2	4
5		3				7		6
8	4			9				
					4			7
				8		6		5
2	8		3					

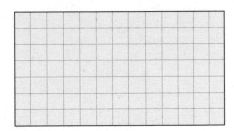

E
A
S
Y

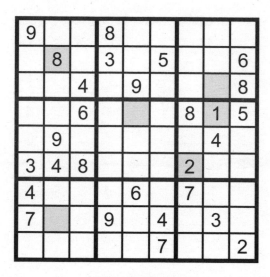

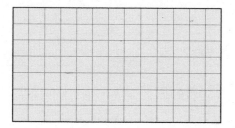

Puzzle 94

	2	7	3			8		
1				7				
	8		6			4	2	
		2		3	4			
	7	6				3	4	
			1	8		7		
	3	8			1		9	
				9				4
		9			3	1	7	

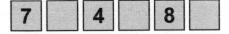

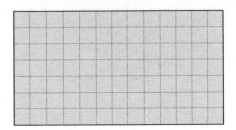

Puzzle 95

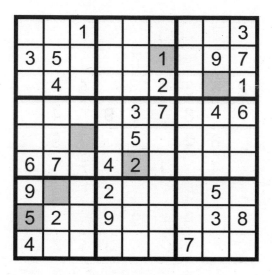

		1						3
3	5				1		9	7
	4				2			1
				3	7		4	6
				5				
6	7		4	2				
9			2				5	
5	2		9				3	8
4						7		

8	6	8

1			2		5

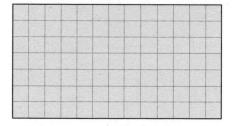

Puzzle 96

								8
				9		1		
2	8	3	1			5		
		8		6	9		4	
	6	2				7	5	
	4		7	3		8		
		1			7	9	2	6
		9		1				
6								

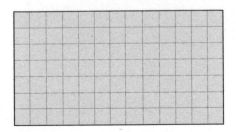

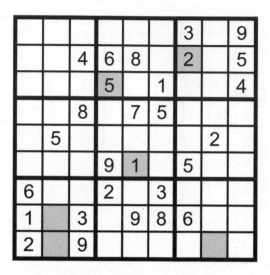

						3		9
		4	6	8		2		5
			5		1			4
		8		7	5			
	5						2	
			9	1		5		
6			2		3			
1		3		9	8	6		
2		9						

| 7 | 3 | 5 |

| 2 | 5 | 1 | | | |

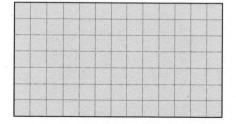

Puzzle 98

3		1				8		
				3	9		2	
			5		4			
6	9		3					1
8				2				5
2					6		7	8
			6		3			
	8		7	9				
		3				7		9

3   6   1

3   [ ]   [ ]   5   [ ]   8

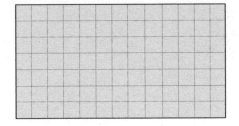

8					2	6		
						5		1
					1	3		4
9		6			7	4		
				9				
		7	4			1		5
7		2	3					
6		3						
		4	7					3

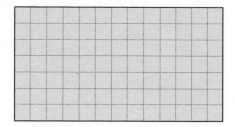

Puzzle 100

8			4				3	
		2				9		4
		4		7	9		6	
5		7		2				
	6						7	
				3		5		6
	2		3	8		6		
6		5				3		
	1				4			5

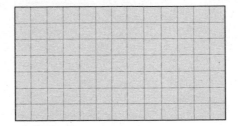

103

Puzzle 101

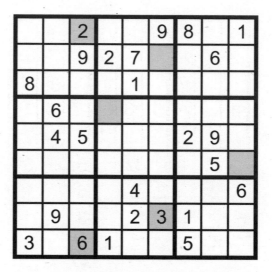

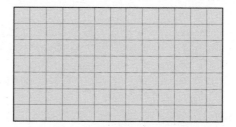

Puzzle 102

			8				4	
2			5					
		7					8	1
1				3		7	6	9
			2		1			
4	6	5		7				2
7	3					9		
					3			6
	5				4			

6 2 6

8 2 7

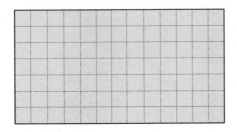

Puzzle 103

	8	9			5			
			9			7		
7		5			6	2		
		4						6
	3		5		8		7	
9						5		
		6	1			3		9
		7			9			
			3			1	5	

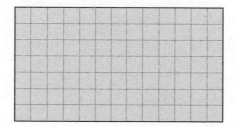

106

Puzzle 104

	3	6			5			
8				1				3
5	1				3	4		
				8			4	7
	8		6				9	
6	7		1					
		3	9				7	5
7				2				6
			7			2	3	

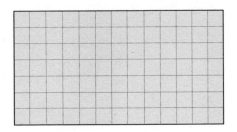

Puzzle 105

MEDIUM

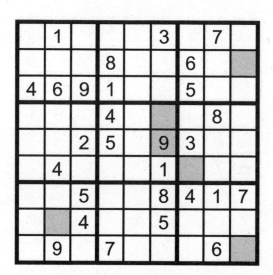

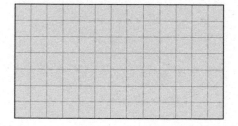

Puzzle 106

	3	9	5					4
1			4	7		6		
					1		7	
		6				3	8	1
8	7	1				2		
	9		7					
		3		4	8			2
2					3	4	9	

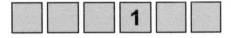

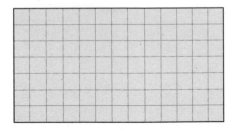

Puzzle 107

3				8	4			
4					7			
2			6			7		5
9		3				5		4
		2				1		
5		4				6		7
6		9			5			1
			4					2
			9	3				6

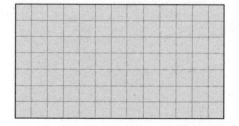

Puzzle 108

3					4			
4			2	6			1	3
		5		9				
6		7		3		2		8
	2						3	
5		4		1		9		7
				2		6		
9	8			7	3			1
			6					9

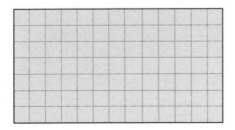

Puzzle 109

		4			8			
7	5				6	9		
	6		1					
	1			8			3	2
		3				5		
9	8			5			1	
					3		2	
		1	4				9	6
			9			8		

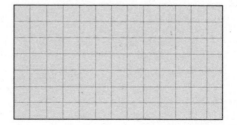

Puzzle 110

		6				3		
5	1	9		6				
4	7							
	8	7	5		4			
6		4	7		2	8		9
			8		6	7	5	
							2	8
				4		1	3	5
		1				9		

4	6	0

		8			

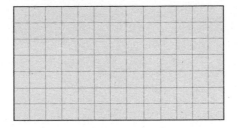

Puzzle 111

	4		9	2			1	
		2					3	
		8			1		4	
			1					6
9			8		4			2
8					7			
	5		3			7		
	1					8		
	8			4	9		5	

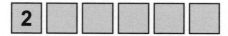

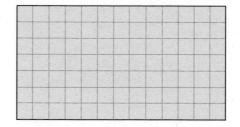

114

Puzzle 112

	5			9		6	1	
		9	2				7	8
			6					
5						1	8	
4								7
	6	1						4
				5				
7	1				8	3		
	2	4		1			9	

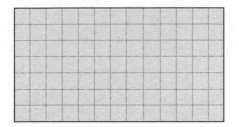

115

Puzzle 113

MEDIUM

	8			7	1			
2	9			5			1	6
					2			4
	5	2	3					
					9	3	4	
6			2					
4	1			3			5	7
			7	8			3	

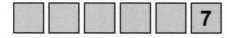

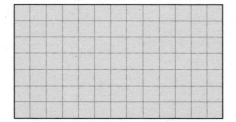

116

Puzzle 114

			3			4		
	1			2		3	8	
6			1					
		2			6	8	5	4
5	9	8	7			2		
					5			2
	3	1		8			7	
		5			1			

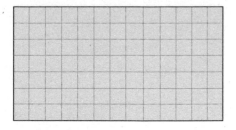

117

MEDIUM

					4		3	
8	7	1			3	4		
		5		6			1	
				8	1	9	7	
			9					
	1	9	2	4				
	4			3		5		
		3	4			2	9	1
	5		8					

6	2	7

	4				

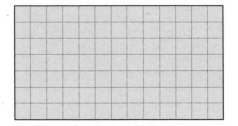

Puzzle 116

1								6
	7	2		6		9		
			2		8	5		
			9			8		
	1	5				2	9	
		3			1			
		7	4		9			
		1		7		6	5	
9								3

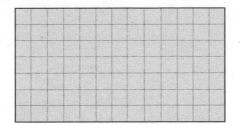

119

Puzzle 117

MEDIUM

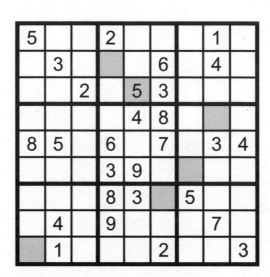

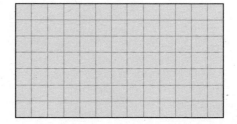

Puzzle 118

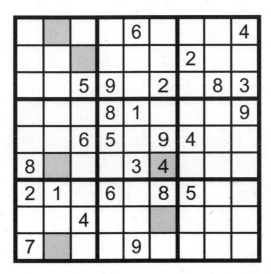

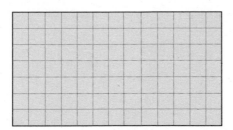

Puzzle 119

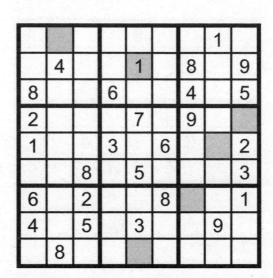

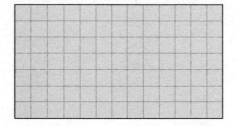

Puzzle 120

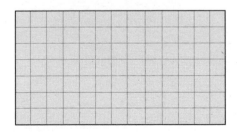

Puzzle 121

MEDIUM

	5	7			6			
				2	3			8
3			4			5		
4	1		8	5				
				3	4		8	1
		3			7			2
9			3	4				
			6			3	7	

| 2 | 3 | 5 |

| | | | | 3 | |

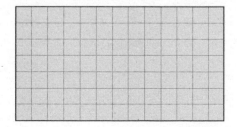

Puzzle 122

	2		1			3		
				3				
9	5				2	1	6	
1				4				
	3	9	2		1	5	8	
				9				1
	6	5	8				7	9
				7				
		7			6		5	

4	3	3

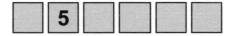

	5				

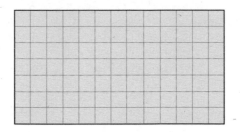

Puzzle 123

MEDIUM

						5	9	
		3			6			2
1		8	9					
		7	4	9				6
6								9
5				8	7	1		
					8	4		1
8			7			6		
	6	4						

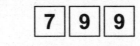

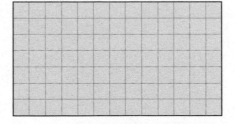

Puzzle 124

6					3		4	
7		5		1				2
			7		8			
	7	9	3		5			
		2				9		
			2		7	4	5	
			8		1			
1				5		7		8
	3		6					9

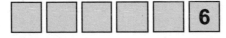

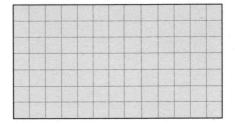

Puzzle 125

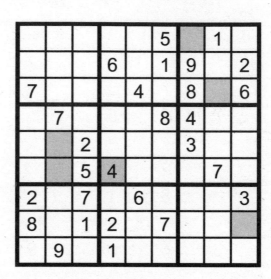

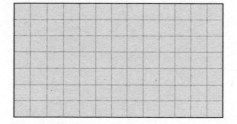

Puzzle 126

	7	5	2			3		
	9		1			4		5
6	1				9			
	6					9		
				1				
		8					4	
			7				2	9
9		6			1		3	
		2			4	8	1	

8 **4** **0**

5

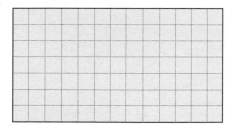

Puzzle 127

	7	5	9	3			4	
	2		8					
		1	7			6		
				6	2			9
1								5
7			5	8				
		6			3	4		
					8		2	
	3			4	9	5	8	

3 **8** **8**

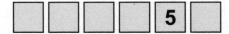

5

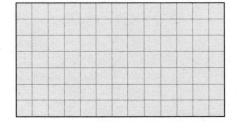

130

Puzzle 128

	6		1		4	3		
	8						7	
				3				4
			9				6	
6		3				7		9
	2				8			
7				5				
	9						4	
		1	3		2		5	

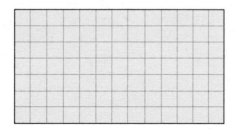

131

Puzzle 129

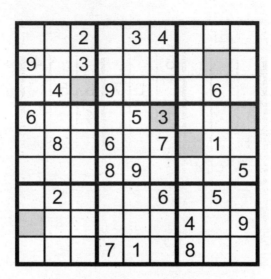

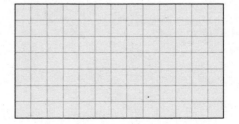

Puzzle 130

	6						7	
			8					4
				1	7	6	5	
3			1			4		
9	1	5				3	2	7
		4			5			8
	3	2	6	7				
4					3			
	5						8	

8	7	0

| | | | 4 | | |

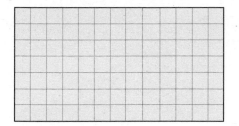

Puzzle 131

		5	7					8
	3	8				7	9	5
						2	3	
			9	1			2	
1								7
	2			8	6			
	1	2						
7	4	9				5	6	
6					2	4		

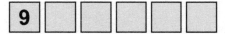

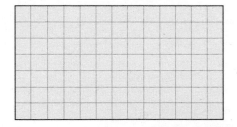

134

Puzzle 132

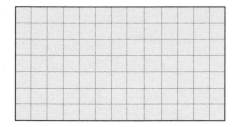

Puzzle 133

		9			2			
	8		3			6		
2				8	5	9		
3				9	8			
	6						1	
			7	3				2
		2	5	6				1
		5			7		4	
			8			2		

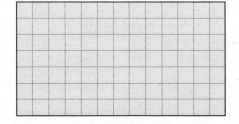

136

Puzzle 134

							6	1
			3			5	2	
5	6		9				4	
	1				9		5	
9			6		8			7
	5		1				3	
	8				6		7	2
	4	3			1			
6	2							

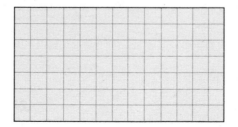

Puzzle 135

			6					7
					2	1	9	3
		4	8	7	9		5	
			7				4	
7	5						2	1
	4				3			
	6		3	9	7	2		
3	1	2	4					
5					6			

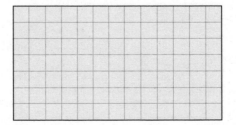

138

Puzzle 136

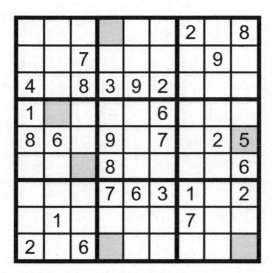

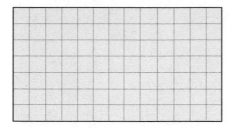

Puzzle 137

MEDIUM

	1		9					
8		6			3			
		7			4	6	5	
					9	5		
6		8	5		7	9		3
		5	2					
	3	9	4			7		
			3			4		6
					2		8	

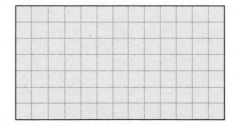

Puzzle 138

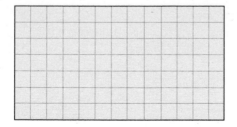

Puzzle 139

		5		6	1	9	4	
	1				5			3
	6	9				1	5	
	3	7		4				
6								5
				5		7	3	
	4	3				5	2	
9			5				1	
	5	2	6	3		4		

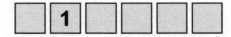

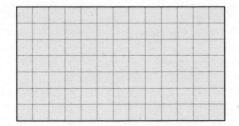

142

Puzzle 140

2	6	1						
		8	5				9	
			3					1
7							3	
		3	9	4	1	6		
	8							2
6					2			
	1				4	7		
						9	2	3

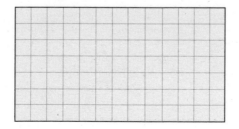

143

Puzzle 141

MEDIUM

3				2	5			
2							4	6
				4		9		
		2			3		6	
		7		9		4		
	6		4			2		
		9		5				
4	5							1
			1	7				4

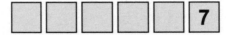

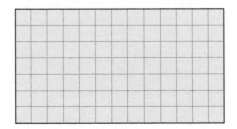

Puzzle 142

			2		4			
		9		7				2
3		7	9			6		
9						1		8
		6				9		
8		2						3
		5			6	8		7
2				8		5		
			1		3			

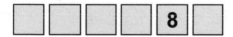

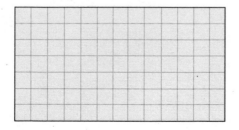

145

Puzzle 143

4				9				2
	1		7			8		
7					5	1		4
		1						
3			2	5	1			8
						9		
5		7	4					6
		2			6		3	
1				2				5

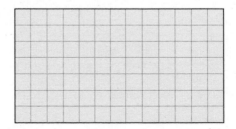

Puzzle 144

					2	1		
5		9			8			
	2		3				5	6
	6	7	8			2		
				1				
		5			9	7	6	
4	7				6		9	
			9			6		4
		8	2					

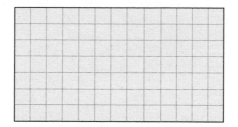

Puzzle 145

MEDIUM

7				6	9			
			3	5			8	1
	3			2				5
	9							8
2			4	9	1			7
1							4	
9				1			2	
3	5			8	6			
			9	4				3

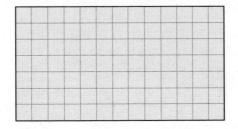

148

Puzzle 146

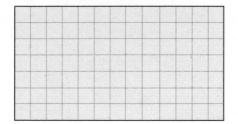

Puzzle 147

	9	5	4			1		
					2	6		
3		2		8				
		7					3	9
				3				
5	6					2		
				2		3		8
		9	6					
		8			1	4	6	

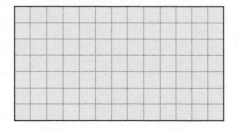

150

Puzzle 148

8			9	3	7			2
	7					9		4
					8			
					2	1		
7		1	3		9	2		5
		9	5					
			8					
4		8					2	
9			7	2	1			3

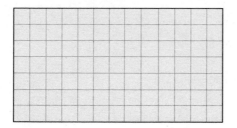

Puzzle 149

	9	5				7		
				2	9		4	1
			7					8
	8		3	7				5
	2						3	
3				4	5		7	
7					6			
9	3		4	1				
		2				1	9	

2 **6** **2**

3

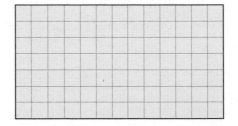

Puzzle 150

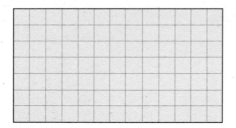

		4	8		5		3	
	7				9	1		
5		2		3			4	
4						3		2
	3	8				4	1	
7		1						6
	5			8		6		4
		6	5				2	
	4		6		1	5		

3 1 3

6

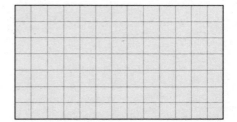

Puzzle 152

	7	1	9					
8								
9	3			6				7
	4		8					2
6		8	1		3	5		9
3					2		6	
7				2			9	4
								8
					7	2	5	

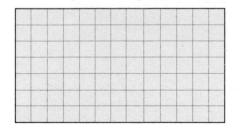

Puzzle 153

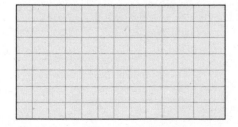

Puzzle 154

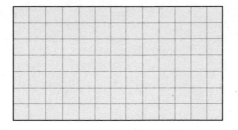

Puzzle 155

6		2	3	8				5
							3	
	3	5		9			8	6
		1	8				6	
4								2
	2				4	8		
1	4			5		6	9	
	7							
2				3	8	4		1

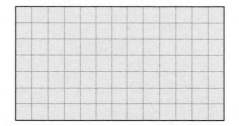

Puzzle 156

2					7			
8				9	1			
	7	6					3	
5	2						6	
		4	8		6	3		
	3						5	1
	4					2	9	
			3	2				6
			7					3

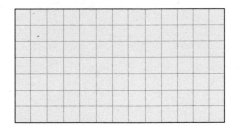

Puzzle 157

				3			7	5
		7	6			2		
	6	1			5			
7	5	6			8			
			3	2	7			
			5			7	9	1
			7			8	2	
		8			2	1		
2	9			5				

4 8 0

1

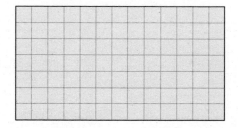

Puzzle 158

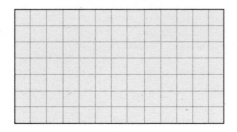

Puzzle 159

2					1		5	
7		3		8				
		5			3			
	3					4	2	
	7		4		5		3	
	9	4					6	
			6			3		
				5		7		2
	5		8					1

EXPERT

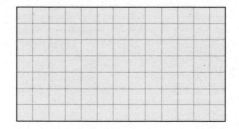

Puzzle 160

	1	3			6		9	
	2			8			1	
	6	5		3				
	7		5					
6	4			9			5	2
					2		6	
				7		5	2	
	9			4			8	
	3		1			4	7	

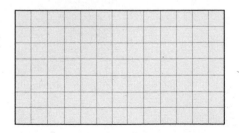

Puzzle 161

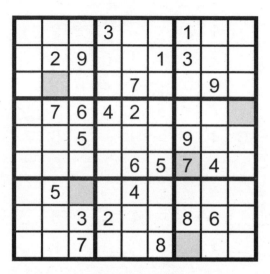

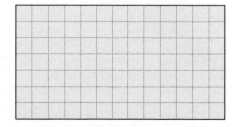

Puzzle 162

			8					7
		7			6		5	
	1		3			6	8	
6					8			2
	2						3	
4			5					6
	4	8			3		9	
	3		7			1		
9					2			

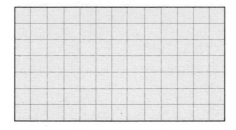

Puzzle 163

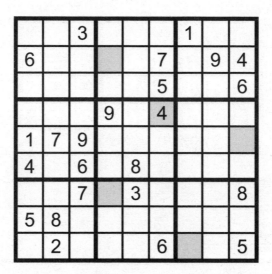

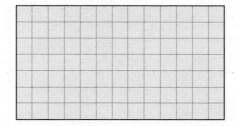

Puzzle 164

1	6							2
9	7					3	6	
		8				9		
	8			2	6		5	
		9	8		4	1		
	5		7	3			2	
		7				5		
	1	2					4	6
3							8	1

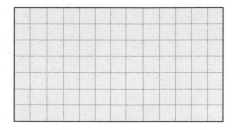

Puzzle 165

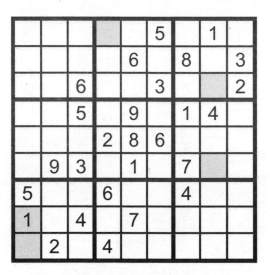

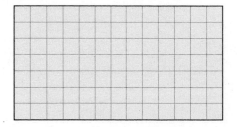

Puzzle 166

2				7	9		8	3
					1	5		
		7		3				9
	8	4						5
			5		7			
5						6	1	
6				5		4		
		5	7					
4	2		3	9				1

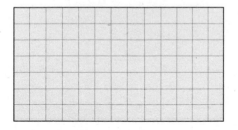

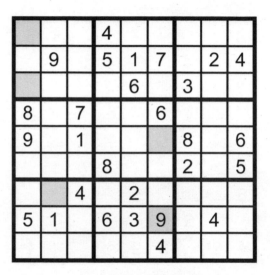

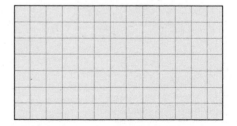

Puzzle 168

2			8	1				
		5					3	
8				3	7		2	
				4		1	5	9
		6				7		
3	5	4		7				
	2		7	9				6
	1					3		
				5	8			4

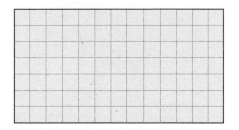

Puzzle 169

		3		2		5		
	5		7				2	
6	7				1			
		7		6				2
	8	5				6	4	
3				5		1		
			6				9	4
	3				8		6	
		9		4		8		

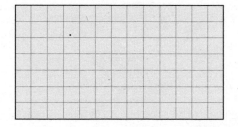

E
X
P
E
R
T

Puzzle 170

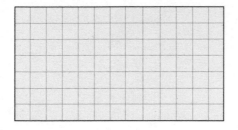

Puzzle 171

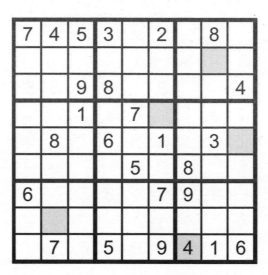

7	4	5	3		2		8	
		9	8					4
		1		7				
	8		6		1		3	
				5		8		
6					7	9		
	7		5		9	4	1	6

5 **1** **7**

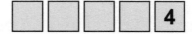

4

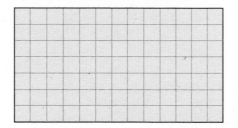

Puzzle 172

	7	9					6	1
5				1				
			5				2	9
				4	3			
	8	3				7	9	
			2	8				
8	3				6			
				3				2
9	1					6	8	

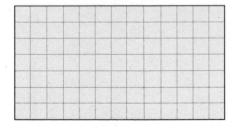

Puzzle 173

			8					4
			5				7	2
	6	3			1			
				6	7			
	4		7		9		6	
		7	1					
			3			8	4	
8	9				2			
3					5			

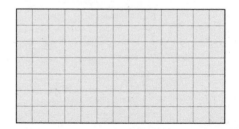

Puzzle 174

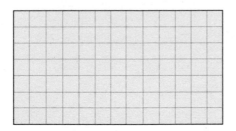

Puzzle 175

7					8		5	1
	8	6	7	9			2	
		3						
		7			1			
2								8
			4			2		
						9		
	1			5	2	8	3	
3	6		8					5

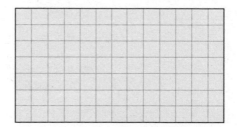

Puzzle 176

				5	2			
	5			3		9		
	9		1					
	2			8			7	3
7		1				8		6
3	8			7			4	
					7		3	
		5		9			8	
			6	4				

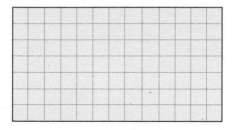

Puzzle 177

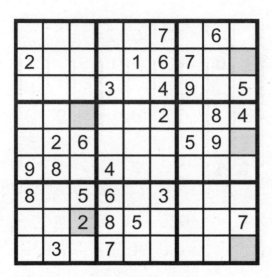

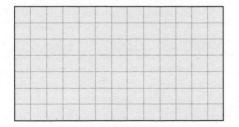

Puzzle 178

		8	9	2				
	6				1			9
			6			5		4
8			7				9	
1		7				3		6
	5				3			7
2		3			7			
9			1				5	
				4	9	6		

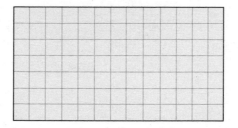

Puzzle 179

		7		2				9
		6			7			
	3			5				4
	1	8	3					
6				7				5
					9	8	3	
3				1			5	
		4			6			
9			8		2			

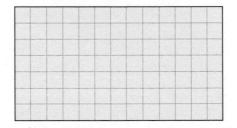

Puzzle 180

5				1		4		
			5		9	1		
	1				8		7	
	7							6
		4	9		5	2		
2							8	
	6		3				1	
		1	8		4			
		9		2				4

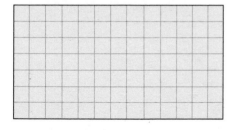

Puzzle 181

5						3		
	2	8		1				
1		3		2			4	
		6			2	8		
			1	8	9			
		9	6			5		
	4			5		7		6
				4		2	3	
		2						4

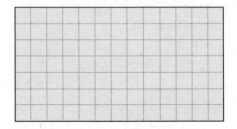

Puzzle 182

	7		3		2	1		
	6	1				5		
3			7				8	
	9				8			
		7				8		
			4				9	
	3				9			5
		4				6	3	
		9	5		3		4	

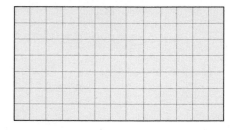

Puzzle 183

2				8		1		5
				1				
	3	5	2		9	4		
7		2			1			
	5						6	
			3			5		9
		8	9		6	3	7	
				3				
3		7		2				8

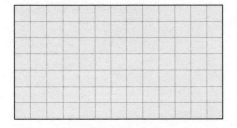

Puzzle 184

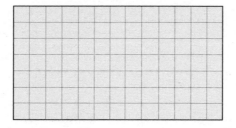

Puzzle 185

		6	7					
	2		8				7	5
				3				9
6				7	3	2	5	
5			4		2			6
	8	2	1	5				7
2				4				
3	4				8		2	
					1	5		

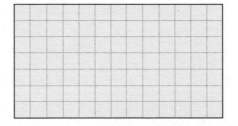

Puzzle 186

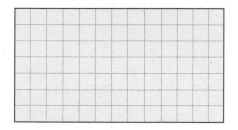

Puzzle 187

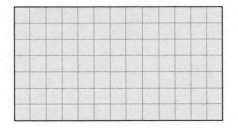

Puzzle 188

9			3					
2	6		3				9	
	8	7	5			6		4
7					3			
		5				8		
			6					9
1		9			8	4	7	
	7				9		1	8
								2

| 7 | 9 | 2 |

| | 5 | | | |

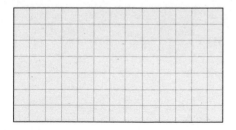

Puzzle 189

4		1						3
	6						2	
8		2	9		7			4
2				5				7
		3				1		
1				3				8
3			5		2	9		6
	9						8	
6						3		5

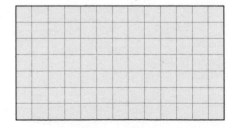

Puzzle 190

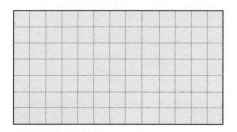

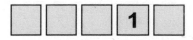

Puzzle 191

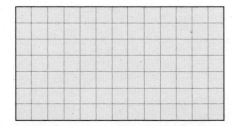

Puzzle 192

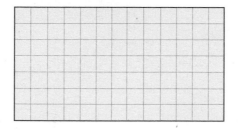

Puzzle 193

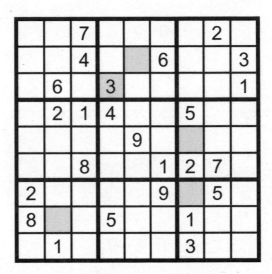

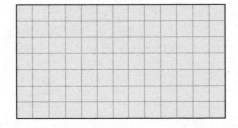

E
X
P
E
R
T

Puzzle 194

5					9		3	8
				2		9		7
				6			1	2
					3		8	
		7		4		6		
	9		7					
9	8			3				
1		4		9				
3	7		4					6

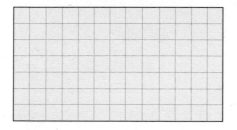

Puzzle 195

	9		6	7	2	5		3
		4		8				9
		7						
		2		4	6		5	
			1		8			
	3		9	2		6		
						8		
7				5		9		
2		9	8	6	7		3	

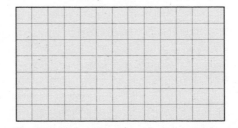

Puzzle 196

			1			3		2
2								8
	5		6				7	
	6				3	7	2	5
7								6
5	2	9	4				3	
	4				5		8	
3								4
8		1			6			

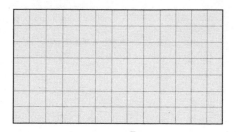

Puzzle 197

					1	8	7	2
		9	8					
	6			5				
6				8			5	
1	5						2	6
	4			9				7
				4			3	
					8	7		
5	8	4	7					

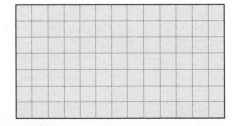

Puzzle 198

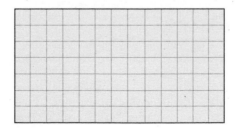

Puzzle 199

					5	4	2	6
8	6							5
		2		6		8		
		9			4		8	
2		5	1		6	9		4
	4		2			6		
		1		4		2		
4							5	1
3	2	6	5					

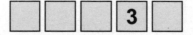

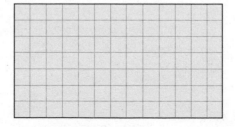

Puzzle 200

2		1		4		3		
9			3				2	
			9			1		
	1	2		3				7
	9						8	
6				9		5	1	
		6			9			
	2				4			8
		7		5		6		2

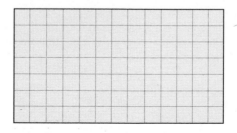

Puzzle 201

		1			9	6		5
		2	4		1	9		
9	8			6				
	7							4
			6		5			
5							6	
				9			1	2
		3	7		8	4		
1		4	2			7		

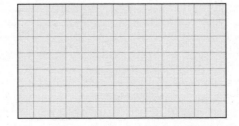

Puzzle 202

	9			1		7		5
		6						
	7		4		5			3
					7	3	2	
			9		6			
	6	3	5					
4			6		1		3	
						4		
3		1		2			7	

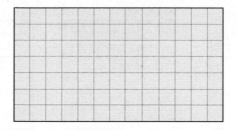

SOLUTIONS

Puzzle 1

3	1	8	9	6	4	7	2	5
6	7	2	5	3	1	9	4	8
5	4	9	8	2	7	3	6	1
8	6	5	1	4	3	2	9	7
2	3	7	6	8	9	1	5	4
1	9	4	2	7	5	6	8	3
4	2	6	3	1	8	5	7	9
9	8	3	7	5	6	4	1	2
7	5	1	4	9	2	8	3	6

489176
$9 \times 6 = 54$; $54 + 1 = 55$;
$55 \times 8 = 440$; $440 + 7 = \mathbf{447}$

Puzzle 2

7	4	2	6	5	3	1	8	9
9	3	1	8	2	4	6	7	5
6	5	8	1	7	9	3	4	2
5	2	4	9	1	6	8	3	7
3	8	9	7	4	5	2	1	6
1	6	7	3	8	2	9	5	4
8	9	6	5	3	7	4	2	1
4	7	3	2	6	1	5	9	8
2	1	5	4	9	8	7	6	3

452391
$9 \times 2 = 18$; $18 \times 4 = 72$;
$5 + 3 = 8$; $72 \times 8 = \mathbf{576}$

Puzzle 3

6	7	1	3	8	5	2	9	4
3	4	9	2	6	1	5	7	8
2	5	8	7	4	9	3	6	1
8	3	5	6	1	2	7	4	9
4	2	7	9	3	8	1	5	6
9	1	6	4	5	7	8	3	2
7	8	2	5	9	6	4	1	3
5	6	4	1	2	3	9	8	7
1	9	3	8	7	4	6	2	5

536297
$7 \times 6 = 42$; $5 + 2 = 7$;
$42 \times 7 = \mathbf{294}$

Puzzle 4

4	9	7	6	2	1	8	5	3
2	1	6	3	5	8	7	9	4
5	8	3	7	9	4	2	1	6
7	4	9	1	8	5	3	6	2
6	5	1	2	3	7	9	4	8
8	3	2	9	4	6	5	7	1
9	7	4	8	1	2	6	3	5
1	6	8	5	7	3	4	2	9
3	2	5	4	6	9	1	8	7

498572
$9 \times 8 = 72$; $7 + 4 = 11$;
$72 \times 11 = 792$; $792 + 2 = \mathbf{794}$

Puzzle 5

7	9	2	3	8	4	6	1	5
3	6	5	9	2	1	8	7	4
1	4	8	6	7	5	9	3	2
8	2	3	1	5	6	7	4	9
6	1	7	4	9	8	5	2	3
4	5	9	2	3	7	1	8	6
9	8	4	5	1	3	2	6	7
2	7	6	8	4	9	3	5	1
5	3	1	7	6	2	4	9	8

472398
$8 - 3 = 5$; $5 + 2 = 7$; $9 \times 7 = 63$;
$63 \times 7 = 441$; $441 - 4 = \mathbf{437}$

Puzzle 6

6	2	9	8	7	4	5	3	1
3	7	8	1	2	5	9	4	6
5	4	1	6	3	9	2	7	8
4	8	3	9	1	2	6	5	7
7	9	6	5	4	3	1	8	2
2	1	5	7	8	6	4	9	3
8	5	4	3	6	1	7	2	9
1	3	2	4	9	7	8	6	5
9	6	7	2	5	8	3	1	4

795184
$7 + 5 = 12$; $12 \times 8 = 96$;
$96 - 1 = 95$; $95 \times 9 = 855$;
$855 - 4 = \mathbf{851}$

Puzzle 7

7	1	6	8	4	5	9	2	3
4	9	5	2	7	3	6	8	1
8	2	3	6	1	9	5	7	4
1	4	7	3	9	2	8	5	6
3	8	2	5	6	1	7	4	9
6	5	9	7	8	4	3	1	2
5	6	1	4	3	7	2	9	8
2	3	4	9	5	8	1	6	7
9	7	8	1	2	6	4	3	5

698714
$7 + 4 = 11$; $11 \times 8 = 88$;
$88 \times 9 = 792$; $792 - 6 = \mathbf{786}$

Puzzle 8

6	5	7	9	1	3	4	8	2
2	1	8	5	7	4	9	6	3
4	9	3	8	2	6	1	5	7
8	6	5	1	9	2	3	7	4
3	4	9	7	6	8	2	1	5
1	7	2	4	3	5	6	9	8
5	8	6	3	4	9	7	2	1
7	2	4	6	5	1	8	3	9
9	3	1	2	8	7	5	4	6

482763
$6 \times 3 = 18$; $18 \times 8 = 144$;
$144 \times 4 = 576$; $576 - 7 = \mathbf{569}$

Puzzle 9

4	6	7	2	5	1	3	8	9
1	9	2	8	3	4	6	5	7
3	5	8	7	6	9	4	2	1
5	7	9	3	4	2	1	6	8
2	4	6	1	7	8	9	3	5
8	3	1	6	9	5	7	4	2
7	2	4	5	1	6	8	9	3
9	8	3	4	2	7	5	1	6
6	1	5	9	8	3	2	7	4

516947
$7 \times 4 = 28$; $28 \times 6 = 168$;
$168 - 9 = 159$; $5 + 1 = 6$;
$159 \times 6 = \mathbf{954}$

Puzzle 10

6	7	9	1	5	4	8	3	2
5	2	4	6	8	3	7	1	9
8	1	3	7	9	2	4	6	5
2	9	6	8	3	1	5	4	7
1	4	8	5	7	6	2	9	3
7	3	5	4	2	9	1	8	6
3	8	2	9	4	5	6	7	1
4	5	1	3	6	7	9	2	8
9	6	7	2	1	8	3	5	4

691327
$3 \times 2 = 6$; $7 + 6 = 13$;
$13 \times 9 = 117$; $117 - 1 = 116$;
$116 \times 6 = \mathbf{696}$

Puzzle 11

5	6	1	2	8	3	7	9	4
7	2	4	1	9	5	6	3	8
9	8	3	7	6	4	5	1	2
3	7	6	5	2	9	8	4	1
1	4	2	6	3	8	9	7	5
8	9	5	4	7	1	3	2	6
2	5	7	9	1	6	4	8	3
6	1	8	3	4	7	2	5	9
4	3	9	8	5	2	1	6	7

291437
$3 + 1 = 4$; $4 \times 4 = 16$;
$16 \times 9 = 144$; $144 - 2 = 142$;
$142 \times 7 = \mathbf{994}$

Puzzle 12

4	1	8	7	9	5	3	2	6
9	5	2	3	4	6	7	1	8
6	3	7	2	8	1	9	5	4
8	7	9	6	2	3	5	4	1
1	4	3	8	5	9	6	7	2
5	2	6	4	1	7	8	3	9
3	8	1	9	7	2	4	6	5
7	9	5	1	6	4	2	8	3
2	6	4	5	3	8	1	9	7

342617
$6 \times 4 = 24$; $24 + 1 = 25$;
$25 \times 7 = 175$; $175 - 2 = \mathbf{173}$

Puzzle 13

4	2	3	1	9	5	7	8	6
5	6	1	7	3	8	2	9	4
8	9	7	4	6	2	3	1	5
3	1	5	6	8	9	4	7	2
2	8	4	5	1	7	6	3	9
9	7	6	3	2	4	1	5	8
7	5	9	2	4	1	8	6	3
1	3	2	8	5	6	9	4	7
6	4	8	9	7	3	5	2	1

493712
$7 \times 2 = 14$; $14 - 3 = 11$;
$11 \times 9 = 99$; $99 \times 4 = 396$;
$396 + 1 = \mathbf{397}$

Puzzle 14

3	2	1	6	4	5	9	7	8
9	6	8	7	3	2	5	4	1
4	7	5	8	1	9	6	2	3
1	8	6	5	7	4	3	9	2
2	5	9	3	6	1	7	8	4
7	4	3	2	9	8	1	5	6
5	1	7	4	2	6	8	3	9
6	3	4	9	8	7	2	1	5
8	9	2	1	5	3	4	6	7

937658
$6 + 5 = 11$; $11 \times 7 = 77$;
$77 \times 9 = 693$; $693 - 8 = \mathbf{685}$

Puzzle 15

1	3	5	8	9	7	2	6	4
8	9	4	2	1	6	5	3	7
7	6	2	5	3	4	1	9	8
5	1	8	4	6	9	3	7	2
9	4	3	7	2	5	6	8	1
6	2	7	1	8	3	4	5	9
3	8	6	9	4	2	7	1	5
4	5	9	6	7	1	8	2	3
2	7	1	3	5	8	9	4	6

643517
$7 \times 5 = 35$; $35 + 6 = 41$;
$41 \times 4 = 164$; $164 \times 3 = \mathbf{492}$

Puzzle 16

6	1	9	7	8	3	2	4	5
5	4	7	1	9	2	3	8	6
8	3	2	6	4	5	7	1	9
4	7	5	9	1	8	6	2	3
9	6	3	2	7	4	1	5	8
1	2	8	3	5	6	4	9	7
2	8	1	5	6	7	9	3	4
3	5	6	4	2	9	8	7	1
7	9	4	8	3	1	5	6	2

142657
$7 + 6 = 13$; $13 \times 4 = 52$;
$5 \times 2 = 10$; $10 + 1 = 11$;
$52 \times 11 = \mathbf{572}$

Puzzle 17

1	8	2	7	9	6	5	3	4
3	6	9	4	5	2	8	1	7
7	5	4	8	1	3	9	2	6
8	2	1	9	3	4	7	6	5
6	3	7	5	2	8	1	4	9
9	4	5	6	7	1	3	8	2
2	9	6	1	8	7	4	5	3
4	7	8	3	6	5	2	9	1
5	1	3	2	4	9	6	7	8

935164
$6 \times 3 = 18$; $18 + 4 = 22$;
$22 \times 5 = 110$; $110 - 1 = 109$;
$109 \times 9 = \mathbf{981}$

Puzzle 18

2	7	5	1	8	4	9	6	3
8	6	3	9	2	7	1	4	5
4	1	9	5	3	6	7	2	8
9	2	8	3	7	5	6	1	4
3	4	6	8	1	2	5	7	9
7	5	1	6	4	9	8	3	2
6	9	2	4	5	1	3	8	7
5	3	4	7	6	8	2	9	1
1	8	7	2	9	3	4	5	6

179863
$8 \times 3 = 24$; $7 + 6 = 13$;
$24 \times 13 = 312$;
$312 + 9 = \mathbf{321}$

Puzzle 19

6	9	3	2	1	7	4	8	5
5	2	4	8	6	9	3	1	7
7	1	8	4	5	3	9	6	2
1	7	9	5	2	4	6	3	8
8	4	6	7	3	1	5	2	9
2	3	5	9	8	6	7	4	1
4	5	1	6	7	8	2	9	3
3	6	2	1	9	5	8	7	4
9	8	7	3	4	2	1	5	6

138452
$5 \times 2 = 10$; $10 \times 3 = 30$;
$8 + 1 = 9$; $30 \times 9 = 270$;
$270 + 4 = \mathbf{274}$

Puzzle 20

4	7	2	9	5	1	8	3	6
6	3	9	2	8	4	1	7	5
5	1	8	3	6	7	9	2	4
3	8	4	7	9	5	2	6	1
7	2	6	4	1	8	5	9	3
9	5	1	6	3	2	7	4	8
8	6	3	1	7	9	4	5	2
2	9	5	8	4	3	6	1	7
1	4	7	5	2	6	3	8	9

645321
$3 \times 2 = 6$; $6 + 1 = 7$;
$7 \times 5 = 35$; $35 \times 4 = 140$;
$140 \times 6 = \mathbf{840}$

Puzzle 21

6	5	9	3	4	1	2	8	7
1	7	4	8	5	2	9	3	6
8	2	3	6	9	7	5	4	1
9	1	6	4	2	8	7	5	3
2	8	5	9	7	3	6	1	4
4	3	7	1	6	5	8	9	2
3	9	2	5	1	6	4	7	8
5	6	1	7	8	4	3	2	9
7	4	8	2	3	9	1	6	5

217946
$9 + 6 = 15$; $15 \times 4 = 60$;
$60 \times 7 = 420$; $420 + 1 = 421$;
$421 \times 2 = \mathbf{842}$

Puzzle 22

3	4	9	5	7	6	8	1	2
2	6	7	8	4	1	9	3	5
5	1	8	9	2	3	7	6	4
6	8	5	3	1	9	4	2	7
7	2	1	4	5	8	3	9	6
4	9	3	2	6	7	5	8	1
9	5	2	6	8	4	1	7	3
8	7	4	1	3	2	6	5	9
1	3	6	7	9	5	2	4	8

762318
$6 + 2 = 8$; $8 \times 8 = 64$;
$7 + 3 = 10$; $64 \times 10 = 640$;
$640 + 1 = \mathbf{641}$

Puzzle 23

5	9	7	3	4	6	2	1	8
8	1	2	5	7	9	3	4	6
6	4	3	2	8	1	9	5	7
4	6	8	1	9	3	7	2	5
9	2	5	4	6	7	8	3	1
7	3	1	8	5	2	4	6	9
3	5	6	7	2	8	1	9	4
1	7	4	9	3	5	6	8	2
2	8	9	6	1	4	5	7	3

514293
$9 \times 2 = 18$; $18 \times 4 = 72$;
$72 - 1 = 71$; $71 \times 3 = \mathbf{213}$

Puzzle 24

6	7	2	1	8	4	9	3	5
9	1	3	7	6	5	4	8	2
5	8	4	2	9	3	1	7	6
7	6	8	9	5	2	3	1	4
3	9	1	6	4	8	5	2	7
4	2	5	3	7	1	8	6	9
2	4	9	8	1	7	6	5	3
1	5	7	4	3	6	2	9	8
8	3	6	5	2	9	7	4	1

163245
$5 \times 4 = 20$; $20 \times 6 = 120$;
$120 - 1 = 119$; $119 \times 3 = \mathbf{357}$

Puzzle 25

4	1	9	3	2	7	5	6	8
7	2	8	6	4	5	3	1	9
6	5	3	9	1	8	2	4	7
9	7	4	2	8	3	1	5	6
3	8	1	5	6	4	7	9	2
2	6	5	1	7	9	8	3	4
8	9	7	4	5	1	6	2	3
5	4	6	7	3	2	9	8	1
1	3	2	8	9	6	4	7	5

4 2 3 5 8 1
8 + 1 = 9; 9 x 3 = 27;
5 + 2 = 7; 27 x 7 = 189;
189 x 4 = **756**

Puzzle 26

2	5	6	9	7	3	1	8	4
8	1	9	4	5	2	6	3	7
7	3	4	8	1	6	9	5	2
1	4	7	2	6	5	3	9	8
6	9	8	3	4	7	2	1	5
3	2	5	1	8	9	4	7	6
4	8	2	5	9	1	7	6	3
5	7	1	6	3	4	8	2	9
9	6	3	7	2	8	5	4	1

2 3 9 5 1 2
5 x 2 = 10; 10 x 9 = 90;
90 x 3 = 270; 270 x 2 = 540;
540 - 1 = **539**

Puzzle 27

1	9	6	4	3	5	2	7	8
2	4	3	7	6	8	9	5	1
5	8	7	9	1	2	3	6	4
6	5	1	8	9	3	7	4	2
9	2	4	6	7	1	5	8	3
7	3	8	2	5	4	1	9	6
4	1	2	5	8	9	6	3	7
8	7	5	3	2	6	4	1	9
3	6	9	1	4	7	8	2	5

9 2 1 5 4 3
4 x 3 = 12; 5 + 1 = 6;
12 x 6 = 72; 72 x 9 = **648**

Puzzle 28

7	5	9	8	4	6	2	3	1
3	4	2	9	7	1	8	5	6
8	1	6	2	3	5	4	9	7
4	3	8	5	1	2	7	6	9
9	7	1	6	8	3	5	4	2
2	6	5	4	9	7	3	1	8
5	2	3	1	6	8	9	7	4
6	8	4	7	5	9	1	2	3
1	9	7	3	2	4	6	8	5

6 2 7 9 5 3
9 x 6 = 54; 54 - 2 = 52;
52 x 7 = **364**

Puzzle 29

3	4	6	5	8	9	7	2	1
8	1	7	6	2	4	9	3	5
5	9	2	1	3	7	4	8	6
1	3	4	2	6	8	5	9	7
2	7	8	9	4	5	1	6	3
9	6	5	7	1	3	2	4	8
4	8	1	3	7	2	6	5	9
7	2	9	8	5	6	3	1	4
6	5	3	4	9	1	8	7	2

9 4 2 1 6 5
6 + 1 = 7; 7 x 5 = 35;
35 + 4 = 39; 39 x 9 = 351;
351 - 2 = **349**

Puzzle 30

2	5	1	9	6	7	4	3	8
9	3	4	8	5	1	2	6	7
8	7	6	2	3	4	9	5	1
5	1	9	3	7	2	8	4	6
4	8	7	6	9	5	3	1	2
6	2	3	1	4	8	7	9	5
3	4	2	7	1	6	5	8	9
1	9	8	5	2	3	6	7	4
7	6	5	4	8	9	1	2	3

4 5 3 6 9 1
9 x 3 = 27; 27 x 5 = 135;
135 - 1 = 134; 134 x 4 = **536**

Puzzle 31

2	4	8	5	6	9	1	7	3
1	5	7	3	2	8	4	6	9
9	3	6	7	1	4	8	5	2
5	2	9	6	8	1	7	3	4
8	6	3	2	4	7	5	9	1
7	1	4	9	5	3	2	8	6
4	9	2	8	3	5	6	1	7
6	7	5	1	9	2	3	4	8
3	8	1	4	7	6	9	2	5

5 2 1 9 5 4
5 x 4 = 20; 20 + 1 = 21;
21 x 5 = 105; 105 + 2 = 107;
107 x 9 = **963**

Puzzle 32

1	7	4	9	6	3	8	5	2
3	8	6	2	7	5	1	4	9
9	2	5	8	4	1	3	7	6
5	3	7	1	9	8	6	2	4
4	1	2	6	3	7	5	9	8
6	9	8	4	5	2	7	3	1
7	6	1	3	2	4	9	8	5
2	5	9	7	8	6	4	1	3
8	4	3	5	1	9	2	6	7

2 3 7 6 8 9
9 x 7 = 63; 63 - 6 = 57;
57 x 8 = 456; 456 x 2 = **912**

Puzzle 33

1	2	8	7	3	9	4	5	6
5	3	4	6	1	8	2	7	9
7	9	6	4	5	2	8	3	1
2	6	7	9	8	1	5	4	3
4	8	9	3	7	5	1	6	2
3	5	1	2	6	4	7	9	8
9	7	2	8	4	6	3	1	5
8	4	5	1	9	3	6	2	7
6	1	3	5	2	7	9	8	4

8 4 1 3 6 2
4 + 2 = 6; 6 x 6 = 36;
36 x 8 = 288; 288 - 1 = 287;
287 x 3 = **861**

Puzzle 34

7	9	2	5	3	1	6	8	4
3	8	5	7	6	4	1	9	2
4	1	6	8	9	2	5	7	3
8	4	3	1	7	5	9	2	6
2	5	1	6	8	9	3	4	7
6	7	9	4	2	3	8	1	5
5	6	8	9	4	7	2	3	1
9	3	7	2	1	6	4	5	8
1	2	4	3	5	8	7	6	9

7 6 5 3 4 2
5 + 3 = 8; 8 x 6 = 48;
7 + 4 = 11; 48 x 11 = **528**

Puzzle 35

6	7	4	3	9	2	5	8	1
1	9	2	8	4	5	3	7	6
3	5	8	7	6	1	2	9	4
5	1	7	4	2	8	9	6	3
8	4	9	6	5	3	7	1	2
2	3	6	9	1	7	4	5	8
7	8	1	2	3	9	6	4	5
4	2	5	1	7	6	8	3	9
9	6	3	5	8	4	1	2	7

7 9 3 8 1 4
9 x 8 = 72; 72 - 3 = 69;
69 x 4 = 276; 276 - 7 = **269**

Puzzle 36

4	3	8	9	5	7	6	1	2
2	1	7	6	3	8	9	4	5
5	6	9	2	4	1	7	8	3
8	4	3	7	2	6	5	9	1
9	7	1	5	8	3	2	6	4
6	5	2	4	1	9	3	7	8
3	9	4	1	6	5	8	2	7
7	2	5	8	9	4	1	3	6
1	8	6	3	7	2	4	5	9

2 6 5 8 6 4
6 x 4 = 24; 24 x 5 = 120;
120 x 6 = 720; 720 - 8 = **712**

Puzzle 37

7	3	6	1	4	8	2	5	9
9	4	5	2	7	3	6	8	1
2	8	1	6	9	5	7	4	3
3	2	8	9	5	1	4	7	6
6	7	4	3	8	2	1	9	5
1	5	9	4	6	7	3	2	8
4	9	2	5	1	6	8	3	7
5	1	7	8	3	4	9	6	2
8	6	3	7	2	9	5	1	4

6 9 7 8 5 1
$8 + 1 = 9$; $9 \times 9 = 81$;
$81 + 7 = 88$; $6 + 5 = 11$;
$88 \times 11 = \mathbf{968}$

Puzzle 38

6	9	4	7	8	3	5	2	1
5	7	1	4	2	6	3	9	8
8	3	2	5	9	1	7	6	4
2	6	9	1	5	8	4	7	3
4	8	3	6	7	2	9	1	5
7	1	5	9	3	4	2	8	6
9	4	6	2	1	5	8	3	7
3	5	7	8	6	9	1	4	2
1	2	8	3	4	7	6	5	9

5 2 1 9 6 8
$9 \times 8 = 72$; $72 - 1 = 71$;
$6 + 5 = 11$; $71 \times 11 = \mathbf{781}$

Puzzle 39

3	5	9	1	4	8	2	7	6
8	6	1	3	2	7	4	5	9
2	7	4	9	6	5	3	8	1
9	8	2	6	1	4	5	3	7
5	3	6	8	7	2	1	9	4
1	4	7	5	9	3	8	6	2
4	9	8	2	5	6	7	1	3
6	2	5	7	3	1	9	4	8
7	1	3	4	8	9	6	2	5

3 9 1 2 5 4
$5 + 4 = 9$; $9 \times 9 = 81$;
$81 + 1 = 82$; $82 \times 2 = \mathbf{164}$

Puzzle 40

5	9	2	8	7	1	3	6	4
3	1	7	6	9	4	2	5	8
6	4	8	3	2	5	7	9	1
4	8	5	7	6	3	9	1	2
2	3	6	1	5	9	4	8	7
9	7	1	2	4	8	5	3	6
1	6	4	5	3	2	8	7	9
8	5	9	4	1	7	6	2	3
7	2	3	9	8	6	1	4	5

6 7 8 9 6 1
$9 \times 8 = 72$; $72 + 1 = 73$;
$73 \times 7 = 511$; $511 + 6 = 517$;
$517 + 6 = \mathbf{523}$

Puzzle 41

7	4	6	2	3	5	8	9	1
3	2	1	4	8	9	7	5	6
9	5	8	1	7	6	3	4	2
6	3	4	5	2	7	9	1	8
1	9	5	3	4	8	2	6	7
8	7	2	6	9	1	4	3	5
4	1	3	7	5	2	6	8	9
5	8	7	9	6	4	1	2	3
2	6	9	8	1	3	5	7	4

5 9 6 7 3 4
$7 \times 6 = 42$; $42 - 5 = 37$;
$9 + 4 = 13$; $37 \times 13 = \mathbf{481}$

Puzzle 42

6	7	5	3	4	9	1	2	8
1	3	2	7	5	8	6	9	4
4	9	8	2	1	6	7	3	5
5	1	7	8	6	3	2	4	9
3	6	4	1	9	2	5	8	7
2	8	9	4	7	5	3	1	6
8	5	6	9	2	1	4	7	3
9	4	1	5	3	7	8	6	2
7	2	3	6	8	4	9	5	1

2 5 7 3 4 9
$9 \times 4 = 36$; $36 \times 7 = 252$;
$252 + 5 = 257$; $257 \times 3 = $
771; $771 - 2 = \mathbf{769}$

Puzzle 43

6	5	3	1	8	2	4	9	7
7	8	9	3	4	5	2	1	6
1	2	4	9	7	6	3	5	8
9	6	7	5	2	3	8	4	1
5	1	2	4	6	8	7	3	9
3	4	8	7	9	1	6	2	5
2	7	1	6	3	9	5	8	4
8	9	6	2	5	4	1	7	3
4	3	5	8	1	7	9	6	2

9 5 8 7 6 4
$7 + 6 = 13$; $13 \times 8 = 104$;
$104 \times 9 = 936$; $936 + 5 = \mathbf{941}$

Puzzle 44

7	6	2	9	1	8	4	5	3
3	5	1	6	4	7	2	8	9
4	9	8	5	3	2	6	7	1
6	1	3	4	8	5	9	2	7
2	7	5	1	9	6	8	3	4
9	8	4	7	2	3	5	1	6
1	2	6	8	7	4	3	9	5
5	3	7	2	6	9	1	4	8
8	4	9	3	5	1	7	6	2

6 4 5 7 2 3
$5 \times 3 = 15$; $15 + 2 = 17$;
$17 \times 7 = 119$; $119 \times 4 = 476$;
$476 - 6 = \mathbf{470}$

Puzzle 45

7	5	4	9	8	3	1	6	2
2	8	3	1	6	7	5	4	9
6	1	9	5	2	4	7	3	8
5	4	2	6	3	1	9	8	7
8	9	6	7	4	5	2	1	3
1	3	7	2	9	8	6	5	4
9	7	8	4	5	6	3	2	1
4	2	5	3	1	9	8	7	6
3	6	1	8	7	2	4	9	5

8 3 2 6 5 7
$7 \times 5 = 35$; $35 - 6 = 29$;
$8 \times 2 = 16$; $16 + 3 = 19$;
$29 \times 19 = \mathbf{551}$

Puzzle 46

6	7	2	9	1	8	5	3	4
3	4	8	5	7	6	2	9	1
5	9	1	2	4	3	8	6	7
4	5	6	7	9	2	3	1	8
2	1	3	8	6	5	4	7	9
7	8	9	1	3	4	6	2	5
8	3	7	4	2	1	9	5	6
1	2	4	6	5	9	7	8	3
9	6	5	3	8	7	1	4	2

3 1 2 5 4 8
$8 \times 4 = 32$; $32 \times 5 = 160$;
$160 + 2 = 162$; $162 \times 3 = 486$;
$486 + 1 = \mathbf{487}$

Puzzle 47

3	2	4	8	7	5	9	6	1
7	8	1	9	3	6	5	4	2
6	5	9	2	4	1	7	8	3
9	1	8	6	5	3	2	7	4
2	6	7	1	9	4	8	3	5
5	4	3	7	8	2	6	1	9
8	7	2	4	1	9	3	5	6
4	3	6	5	2	8	1	9	7
1	9	5	3	6	7	4	2	8

6 7 2 1 5 9
$9 \times 5 = 45$; $45 + 7 = 52$;
$52 \times 6 = \mathbf{312}$

Puzzle 48

7	1	2	5	4	6	9	8	3
5	3	8	7	9	1	6	4	2
6	9	4	2	8	3	7	5	1
9	4	6	8	3	5	2	1	7
2	5	7	6	1	9	4	3	8
3	8	1	4	2	7	5	6	9
4	7	3	9	6	8	1	2	5
1	2	9	3	5	4	8	7	6
8	6	5	1	7	2	3	9	4

1 2 6 7 5 4
$7 \times 5 = 35$; $35 + 1 = 36$;
$36 \times 6 = 216$; $216 \times 2 = 432$;
$432 + 4 = \mathbf{436}$

Puzzle 49

7	2	4	9	6	8	1	3	5
5	6	1	7	3	2	9	8	4
8	3	9	5	4	1	7	2	6
1	4	5	3	9	6	8	7	2
2	9	3	4	8	7	6	5	1
6	7	8	1	2	5	3	4	9
4	5	6	8	1	3	2	9	7
9	8	2	6	7	4	5	1	3
3	1	7	2	5	9	4	6	8

987154
8 + 5 = 13; 13 x 9 = 117;
117 + 4 = **121**

Puzzle 50

2	6	4	3	5	9	7	1	8
1	5	3	2	8	7	4	9	6
9	8	7	1	4	6	5	3	2
4	2	9	8	7	1	3	6	5
7	1	6	4	3	5	8	2	9
5	3	8	6	9	2	1	7	4
8	9	1	5	6	3	2	4	7
3	7	5	9	2	4	6	8	1
6	4	2	7	1	8	9	5	3

421785
8 x 7 = 56; 5 + 2 = 7;
56 x 7 = **392**

Puzzle 51

2	7	6	3	9	5	1	8	4
1	9	4	8	6	7	3	5	2
3	5	8	4	1	2	9	6	7
8	2	5	1	4	9	7	3	6
9	6	7	2	5	3	8	4	1
4	3	1	7	8	6	2	9	5
7	4	9	6	3	1	5	2	8
5	8	2	9	7	4	6	1	3
6	1	3	5	2	8	4	7	9

658913
8 x 3 = 24; 24 x 5 = 120;
120 + 1 = 121; 121 x 6 = **726**

Puzzle 52

8	1	6	9	2	4	5	7	3
7	3	4	8	1	5	9	6	2
2	5	9	7	3	6	1	4	8
5	7	8	6	9	2	3	1	4
3	6	1	4	5	8	7	2	9
4	9	2	3	7	1	8	5	6
6	8	7	5	4	9	2	3	1
1	4	5	2	8	3	6	9	7
9	2	3	1	6	7	4	8	5

578412
8 x 2 = 16; 16 x 5 = 80;
80 + 1 = 81; 7 + 4 = 11;
81 x 11 = **891**

Puzzle 53

8	3	1	7	2	6	9	4	5
5	7	2	9	4	8	6	3	1
6	9	4	5	1	3	8	2	7
7	8	3	6	5	2	1	9	4
1	6	9	8	7	4	3	5	2
4	2	5	3	9	1	7	6	8
3	5	6	4	8	7	2	1	9
2	4	8	1	3	9	5	7	6
9	1	7	2	6	5	4	8	3

791854
5 x 4 = 20; 20 - 1 = 19;
8 x 9 = 72; 72 x 7 = 504;
504 + 19 = **523**

Puzzle 54

6	7	3	4	9	1	8	5	2
9	1	2	6	5	8	4	7	3
8	4	5	7	2	3	9	6	1
5	6	4	1	8	7	2	3	9
3	8	7	9	6	2	1	4	5
2	9	1	3	4	5	7	8	6
4	5	8	2	3	9	6	1	7
1	3	9	8	7	6	5	2	4
7	2	6	5	1	4	3	9	8

549231
9 + 1 = 10; 10 x 4 = 40;
40 + 3 = 43; 43 x 2 = 86;
86 x 5 = **430**

Puzzle 55

3	8	1	5	9	7	4	2	6
2	9	5	6	4	3	1	8	7
6	7	4	2	8	1	9	3	5
5	6	9	1	7	2	3	4	8
4	2	8	3	5	9	7	6	1
1	3	7	8	6	4	2	5	9
7	5	3	9	2	6	8	1	4
8	4	2	7	1	5	6	9	3
9	1	6	4	3	8	5	7	2

387196
9 x 8 = 72; 3 - 1 = 2;
72 x 2 = 144; 144 + 7 = 151;
151 x 6 = **906**

Puzzle 56

4	8	7	6	2	9	5	3	1
1	6	5	4	8	3	9	2	7
3	2	9	5	1	7	4	8	6
8	7	3	2	6	5	1	4	9
6	9	4	7	3	1	2	5	8
2	5	1	8	9	4	7	6	3
9	4	8	1	5	6	3	7	2
5	1	6	3	7	2	8	9	4
7	3	2	9	4	8	6	1	5

145397
9 x 4 = 36; 36 - 3 = 33;
7 + 5 = 12; 33 x 12 = 396;
396 + 1 = **397**

Puzzle 57

7	5	2	1	9	6	4	8	3
3	6	1	5	8	4	9	7	2
9	8	4	7	2	3	5	1	6
4	9	5	6	1	2	7	3	8
1	3	8	4	7	9	6	2	5
2	7	6	3	5	8	1	9	4
6	4	9	2	3	7	8	5	1
8	1	3	9	6	5	2	4	7
5	2	7	8	4	1	3	6	9

649872
9 x 2 = 18; 18 x 6 = 108;
108 + 7 = **115**

Puzzle 58

9	5	4	7	8	3	1	6	2
6	7	8	1	4	2	9	5	3
3	1	2	5	6	9	7	4	8
4	9	5	8	2	7	6	3	1
8	6	7	3	9	1	5	2	4
2	3	1	6	5	4	8	7	9
7	8	9	2	3	5	4	1	6
5	4	3	9	1	6	2	8	7
1	2	6	4	7	8	3	9	5

341689
9 x 8 = 72; 72 + 6 = 78;
78 - 1 = 77; 77 x 4 = **308**

Puzzle 59

3	2	7	5	8	9	6	1	4
6	1	8	7	2	4	5	3	9
4	9	5	1	3	6	8	7	2
2	8	1	9	5	3	7	4	6
7	5	6	2	4	1	9	8	3
9	4	3	6	7	8	1	2	5
8	6	2	3	9	7	4	5	1
5	7	9	4	1	2	3	6	8
1	3	4	8	6	5	2	9	7

823947
9 + 2 = 11; 8 x 4 = 32;
32 + 11 = 43; 43 x 7 = 301;
301 x 3 = **903**

Puzzle 60

1	9	5	2	3	7	8	6	4
2	4	7	6	8	1	5	3	9
8	3	6	9	4	5	2	7	1
4	7	8	3	6	9	1	2	5
5	2	3	7	1	4	6	9	8
9	6	1	5	2	8	3	4	7
7	8	2	4	5	6	9	1	3
3	1	4	8	9	2	7	5	6
6	5	9	1	7	3	4	8	2

162358
8 x 3 = 24; 24 x 6 = 144;
144 + 2 = 146; 5 + 1 = 6;
146 x 6 = **876**

Puzzle 61

5	6	7	2	1	3	8	4	9
1	8	3	9	4	5	6	2	7
2	9	4	8	7	6	3	1	5
4	5	6	7	3	1	2	9	8
7	2	1	4	8	9	5	6	3
9	3	8	5	6	2	4	7	1
8	4	9	3	2	7	1	5	6
6	7	2	1	5	8	9	3	4
3	1	5	6	9	4	7	8	2

491253
$5 + 2 = 7$; $7 \times 3 = 21$;
$9 \times 4 = 36$; $36 + 1 = 37$;
$37 \times 21 = $ **777**

Puzzle 62

3	5	8	1	4	6	2	9	7
7	9	4	5	2	8	1	6	3
1	6	2	7	3	9	8	4	5
5	2	7	6	9	4	3	1	8
9	8	1	2	7	3	4	5	6
6	4	3	8	1	5	7	2	9
2	7	6	3	5	1	9	8	4
4	3	5	9	8	2	6	7	1
8	1	9	4	6	7	5	3	2

692341
$4 \times 2 = 8$; $8 + 1 = 9$;
$9 \times 6 = 54$; $54 + 3 = 57$;
$57 \times 9 = $ **513**

Puzzle 63

4	5	6	9	2	7	3	8	1
8	9	7	1	3	5	6	2	4
1	2	3	8	4	6	7	5	9
5	6	8	3	1	9	4	7	2
2	3	1	4	7	8	5	9	6
9	7	4	5	6	2	1	3	8
6	8	9	7	5	1	2	4	3
3	1	5	2	9	4	8	6	7
7	4	2	6	8	3	9	1	5

726584
$8 + 5 = 13$; $13 \times 6 = 78$;
$7 + 4 = 11$; $78 \times 11 = 858$;
$858 - 2 = $ **856**

Puzzle 64

8	1	5	2	9	3	4	6	7
3	6	7	8	4	1	9	2	5
2	4	9	6	5	7	3	8	1
5	7	8	1	3	2	6	9	4
6	9	2	7	8	4	5	1	3
4	3	1	9	6	5	2	7	8
7	8	4	3	2	6	1	5	9
1	2	3	5	7	9	8	4	6
9	5	6	4	1	8	7	3	2

931782
$3 \times 2 = 6$; $8 + 6 = 14$;
$14 \times 7 = 98$; $98 \times 9 = 882$;
$882 + 1 = $ **883**

Puzzle 65

7	3	5	2	1	6	8	9	4
8	4	1	9	7	5	2	6	3
2	9	6	4	3	8	7	5	1
5	1	2	8	4	7	9	3	6
4	6	8	5	9	3	1	2	7
3	7	9	1	6	2	5	4	8
9	5	7	6	8	4	3	1	2
6	2	3	7	5	1	4	8	9
1	8	4	3	2	9	6	7	5

951283
$8 + 3 = 11$; $11 \times 9 = 99$;
$99 - 2 = 97$; $5 + 1 = 6$;
$97 \times 6 = $ **582**

Puzzle 66

7	4	1	5	2	6	9	3	8
9	2	3	7	1	8	4	5	6
8	6	5	9	4	3	1	2	7
3	8	9	2	7	5	6	1	4
2	7	4	1	6	9	3	8	5
1	5	6	8	3	4	2	7	9
4	1	2	6	8	7	5	9	3
6	9	8	3	5	1	7	4	2
5	3	7	4	9	2	8	6	1

596734
$9 \times 3 = 27$; $27 \times 5 = 135$;
$135 - 6 = 129$; $129 \times 7 = $ **903**

Puzzle 67

4	8	2	3	5	6	7	1	9
3	5	1	7	9	8	4	6	2
9	7	6	4	1	2	3	5	8
7	4	3	5	6	9	2	8	1
2	6	8	1	3	4	5	9	7
1	9	5	2	8	7	6	4	3
5	1	4	9	2	3	8	7	6
6	3	9	8	7	5	1	2	4
8	2	7	6	4	1	9	3	5

629516
$6 - 1 = 5$; $5 \times 5 = 25$;
$25 \times 6 = 150$; $150 - 2 = $ **148**

Puzzle 68

2	9	5	3	7	1	4	8	6
7	1	6	8	4	9	3	2	5
4	3	8	2	5	6	9	1	7
6	4	3	5	8	7	2	9	1
1	5	9	4	6	2	7	3	8
8	2	7	1	9	3	6	5	4
9	8	1	6	2	4	5	7	3
5	7	4	9	3	8	1	6	2
3	6	2	7	1	5	8	4	9

265749
$9 + 7 = 16$; $16 \times 4 = 64$;
$6 + 5 = 11$; $64 \times 11 = $ **704**

Puzzle 69

7	1	3	8	6	2	4	5	9
6	2	4	5	9	3	7	1	8
8	9	5	7	1	4	3	6	2
5	3	9	1	7	8	6	2	4
4	8	2	9	3	6	1	7	5
1	6	7	2	4	5	8	9	3
2	5	6	4	8	7	9	3	1
3	4	1	6	5	9	2	8	7
9	7	8	3	2	1	5	4	6

425136
$3 + 1 = 4$; $6 \times 4 = 24$;
$24 \times 5 = 120$; $120 \times 2 = 240$;
$240 \times 4 = $ **960**

Puzzle 70

1	8	9	5	3	7	6	4	2
2	5	6	9	4	8	3	1	7
3	7	4	1	6	2	5	9	8
7	1	8	4	9	6	2	5	3
9	6	5	2	7	3	4	8	1
4	2	3	8	1	5	9	7	6
8	4	2	3	5	1	7	6	9
6	9	1	7	2	4	8	3	5
5	3	7	6	8	9	1	2	4

513872
$8 \times 7 = 56$; $56 - 3 = 53$;
$53 \times 2 = 106$; $106 + 1 = 107$;
$107 \times 5 = $ **535**

Puzzle 71

7	5	9	2	8	6	4	1	3
3	1	2	9	4	5	7	8	6
6	4	8	7	3	1	9	2	5
2	9	1	5	6	3	8	4	7
5	6	4	8	1	7	3	9	2
8	7	3	4	2	9	6	5	1
4	8	6	1	7	2	5	3	9
1	3	5	6	9	4	2	7	8
9	2	7	3	5	8	1	6	4

521397
$9 \times 2 = 18$; $18 - 1 = 17$;
$17 \times 7 = 119$; $119 \times 5 = $ **595**

Puzzle 72

4	2	3	9	7	8	1	6	5
6	5	9	3	2	1	8	7	4
7	8	1	4	6	5	9	3	2
2	1	4	5	9	6	7	8	3
5	9	7	8	1	3	4	2	6
8	3	6	2	4	7	5	1	9
9	6	5	7	8	2	3	4	1
3	7	2	1	5	4	6	9	8
1	4	8	6	3	9	2	5	7

249681
$9 \times 8 = 72$; $72 - 2 = 70$;
$6 + 4 = 10$; $70 \times 10 = 700$;
$700 + 1 = $ **701**

Puzzle 73

1	5	6	2	9	4	8	7	3
9	3	2	6	7	8	5	4	1
8	7	4	5	1	3	2	9	6
4	2	7	8	5	1	6	3	9
6	1	5	4	3	9	7	2	8
3	8	9	7	2	6	1	5	4
7	4	3	1	8	5	9	6	2
5	6	8	9	4	2	3	1	7
2	9	1	3	6	7	4	8	5

8 2 4 3 1 6
$3 + 2 = 5$; $6 \times 5 = 30$;
$30 - 1 = 29$; $29 \times 4 = 116$;
$116 \times 8 =$ **928**

Puzzle 74

6	1	7	8	4	5	9	2	3
2	8	9	7	6	3	5	4	1
3	4	5	2	9	1	6	8	7
4	5	2	9	3	7	1	6	8
7	3	1	5	8	6	4	9	2
9	6	8	1	2	4	7	3	5
5	2	3	6	1	9	8	7	4
1	9	4	3	7	8	2	5	6
8	7	6	4	5	2	3	1	9

5 7 4 6 2 3
$7 \times 4 = 28$; $28 \times 5 = 140$;
$140 - 2 = 138$; $138 \times 6 =$ **828**

Puzzle 75

7	9	6	2	3	8	1	5	4
1	4	2	7	6	5	3	9	8
5	8	3	9	4	1	2	6	7
2	3	8	6	9	7	5	4	1
9	1	5	8	2	4	6	7	3
6	7	4	1	5	3	9	8	2
4	5	1	3	7	9	8	2	6
8	2	7	5	1	6	4	3	9
3	6	9	4	8	2	7	1	5

9 4 1 3 8 2
$4 + 3 = 7$; $9 \times 7 = 63$;
$63 - 2 = 61$; $61 \times 8 =$ **488**

Puzzle 76

5	6	8	7	4	2	3	1	9
7	2	1	9	6	3	4	5	8
9	3	4	5	8	1	6	7	2
1	4	6	2	5	7	8	9	3
3	5	7	4	9	8	1	2	6
2	8	9	1	3	6	7	4	5
6	7	5	3	1	9	2	8	4
8	9	2	6	7	4	5	3	1
4	1	3	8	2	5	9	6	7

5 4 6 8 2 1
$2 + 1 = 3$; $4 \times 3 = 12$;
$8 \times 6 = 48$; $48 + 5 = 53$;
$53 \times 12 =$ **636**

Puzzle 77

3	8	2	4	1	5	7	9	6
1	4	6	2	7	9	8	5	3
5	7	9	8	3	6	4	2	1
7	2	5	6	9	4	1	3	8
9	1	3	5	8	7	6	4	2
8	6	4	1	2	3	5	7	9
2	3	8	7	5	1	9	6	4
6	9	7	3	4	8	2	1	5
4	5	1	9	6	2	3	8	7

1 3 4 5 8 2
$5 \times 4 = 20$; $3 + 2 = 5$;
$20 \times 5 = 100$; $100 - 1 = 99$;
$99 \times 8 =$ **792**

Puzzle 78

1	7	4	8	9	2	6	3	5
8	6	5	7	1	3	9	4	2
9	3	2	6	5	4	1	7	8
3	8	7	9	4	6	2	5	1
5	4	1	2	8	7	3	6	9
6	2	9	5	3	1	7	8	4
2	5	8	3	7	9	4	1	6
7	1	6	4	2	8	5	9	3
4	9	3	1	6	5	8	2	7

4 1 7 5 6 9
$6 \times 5 = 30$; $30 \times 7 = 210$;
$210 \times 4 = 840$; $840 - 9 =$ **831**

Puzzle 79

2	3	1	6	9	5	8	4	7
4	5	6	7	3	8	9	2	1
7	8	9	4	1	2	5	3	6
6	9	3	1	5	7	2	8	4
8	2	4	3	6	9	1	7	5
5	1	7	8	2	4	3	6	9
9	7	5	2	8	6	4	1	3
1	4	2	5	7	3	6	9	8
3	6	8	9	4	1	7	5	2

3 1 2 4 5 6
$6 \times 5 = 30$; $30 - 1 = 29$;
$29 \times 4 = 116$; $116 \times 2 = 232$;
$232 \times 3 =$ **696**

Puzzle 80

7	2	3	6	5	8	1	9	4
5	9	6	1	7	4	2	3	8
8	4	1	9	2	3	7	6	5
9	5	4	3	1	6	8	2	7
1	8	2	7	4	9	6	5	3
6	3	7	5	8	2	9	4	1
3	1	8	2	6	5	4	7	9
2	7	5	4	9	1	3	8	6
4	6	9	8	3	7	5	1	2

4 9 8 6 5 7
$8 \times 6 = 48$; $48 + 5 = 53$;
$53 \times 7 = 371$; $371 - 9 =$ **362**

Puzzle 81

6	4	3	8	2	7	9	1	5
5	2	9	4	1	3	8	6	7
8	1	7	5	9	6	2	4	3
4	6	2	1	7	5	3	8	9
1	7	8	6	3	9	4	5	2
9	3	5	2	4	8	6	7	1
7	9	6	3	8	1	5	2	4
2	8	1	9	5	4	7	3	6
3	5	4	7	6	2	1	9	8

9 4 5 8 2 3
$8 \times 5 = 40$; $40 - 2 = 38$;
$4 \times 3 = 12$; $12 + 9 = 21$;
$38 \times 21 =$ **798**

Puzzle 82

7	3	6	4	8	2	5	1	9
5	9	8	7	1	3	2	6	4
2	4	1	5	6	9	3	7	8
4	5	7	2	3	6	9	8	1
8	1	2	9	5	4	7	3	6
9	6	3	1	7	8	4	5	2
3	2	5	6	9	1	8	4	7
1	8	9	3	4	7	6	2	5
6	7	4	8	2	5	1	9	3

3 4 2 5 6 7
$6 \times 5 = 30$; $30 + 2 = 32$;
$7 \times 3 = 21$; $21 - 4 = 17$;
$32 \times 17 =$ **544**

Puzzle 83

1	9	8	7	2	6	5	4	3
7	3	6	5	1	4	9	8	2
5	2	4	3	8	9	6	7	1
2	8	9	4	6	5	1	3	7
3	7	5	1	9	2	8	6	4
6	4	1	8	3	7	2	9	5
9	6	3	2	4	1	7	5	8
8	1	7	9	5	3	4	2	6
4	5	2	6	7	8	3	1	9

6 9 2 8 7 5
$9 + 5 = 14$; $14 \times 8 = 112$;
$112 \times 6 = 672$; $672 + 2 =$ **674**

Puzzle 84

6	3	4	2	7	1	8	5	9
2	7	5	6	8	9	3	1	4
1	9	8	4	5	3	2	7	6
8	1	3	5	6	2	4	9	7
7	2	6	3	9	4	5	8	1
5	4	9	7	1	8	6	3	2
3	6	1	8	2	7	9	4	5
9	8	2	1	4	5	7	6	3
4	5	7	9	3	6	1	2	8

7 3 8 1 6 9
$9 \times 6 = 54$; $54 + 7 = 61$;
$61 \times 8 = 488$; $488 + 1 =$ **489**

Puzzle 85

9	3	7	5	4	6	1	8	2
6	4	8	3	1	2	9	7	5
1	5	2	9	8	7	4	3	6
5	6	9	7	2	4	3	1	8
2	1	3	6	9	8	5	4	7
7	8	4	1	5	3	6	2	9
8	7	6	4	3	9	2	5	1
3	9	1	2	7	5	8	6	4
4	2	5	8	6	1	7	9	3

8 4 7 6 9 1
9 x 4 = 36; 36 + 8 = 44;
7 + 6 = 13; 44 x 13 = **572**

Puzzle 86

4	5	1	3	7	9	2	6	8
3	2	9	8	5	6	4	1	7
7	8	6	2	1	4	9	3	5
2	1	4	5	6	7	3	8	9
5	7	8	9	3	1	6	2	4
6	9	3	4	2	8	7	5	1
8	6	7	1	4	2	5	9	3
9	4	5	6	8	3	1	7	2
1	3	2	7	9	5	8	4	6

6 7 9 8 3 2
8 x 3 = 24; 24 + 7 = 31;
9 + 2 = 11; 31 x 11 = **341**

Puzzle 87

2	1	8	7	9	5	3	6	4
7	3	9	8	6	4	2	1	5
6	4	5	3	2	1	9	8	7
5	8	3	4	7	2	6	9	1
4	2	1	6	5	9	7	3	8
9	6	7	1	3	8	5	4	2
8	5	2	9	4	6	1	7	3
1	7	6	5	8	3	4	2	9
3	9	4	2	1	7	8	5	6

9 7 6 5 8 1
7 x 6 = 42; 42 + 1 = 43;
8 + 5 = 13; 13 + 9 = 22;
43 x 22 = **946**

Puzzle 88

9	2	7	4	5	3	8	1	6
8	6	5	9	7	1	3	4	2
3	4	1	6	2	8	9	7	5
5	7	3	2	8	9	1	6	4
1	9	2	5	4	6	7	8	3
4	8	6	3	1	7	5	2	9
2	5	8	7	3	4	6	9	1
7	3	9	1	6	2	4	5	8
6	1	4	8	9	5	2	3	7

5 1 8 6 9 3
8 + 3 = 11; 11 x 6 = 66;
66 - 5 = 61; 61 x 9 = **549**

Puzzle 89

5	3	4	6	1	8	2	7	9
7	2	8	9	3	4	1	5	6
6	9	1	7	2	5	4	8	3
2	6	3	8	9	7	5	1	4
1	8	5	2	4	3	9	6	7
4	7	9	5	6	1	8	3	2
3	1	7	4	5	9	6	2	8
9	5	2	3	8	6	7	4	1
8	4	6	1	7	2	3	9	5

1 5 3 9 8 6
8 x 6 = 48; 5 - 1 = 4;
48 x 4 = **192**

Puzzle 90

4	2	1	6	5	3	8	7	9
8	9	6	1	7	4	5	3	2
7	3	5	8	9	2	1	4	6
9	4	8	7	2	1	6	5	3
3	5	7	9	6	8	2	1	4
1	6	2	3	4	5	9	8	7
5	7	9	4	8	6	3	2	1
6	8	3	2	1	7	4	9	5
2	1	4	5	3	9	7	6	8

7 9 8 4 5 2
8 x 5 = 40; 40 x 7 = 280;
280 + 4 = 284;
284 x 2 = **568**

Puzzle 91

5	2	9	4	1	8	3	7	6
8	3	7	2	6	9	1	4	5
4	6	1	3	7	5	2	8	9
6	9	5	8	4	1	7	3	2
2	4	8	6	3	7	5	9	1
7	1	3	5	9	2	4	6	8
3	5	2	7	8	6	9	1	4
9	7	6	1	2	4	8	5	3
1	8	4	9	5	3	6	2	7

2 6 8 5 9 8
9 x 8 = 72; 72 x 6 = 432;
432 x 2 = 864; 864 + 5 = 869;
869 + 8 = **877**

Puzzle 92

1	5	8	7	4	2	9	6	3
9	3	4	8	5	6	1	7	2
6	2	7	9	3	1	5	4	8
7	6	9	5	1	3	8	2	4
5	1	3	4	2	8	7	9	6
8	4	2	6	9	7	3	5	1
3	9	5	1	6	4	2	8	7
4	7	1	2	8	9	6	3	5
2	8	6	3	7	5	4	1	9

8 9 5 7 6 1
6 x 5 = 30; 9 x 7 = 63;
63 + 30 = 93; 93 x 8 = 744;
744 - 1 = **743**

Puzzle 93

9	2	3	8	7	6	1	5	4
1	8	7	3	4	5	9	2	6
6	5	4	1	9	2	3	7	8
2	7	6	4	3	9	8	1	5
5	9	1	7	2	8	6	4	3
3	4	8	6	5	1	2	9	7
4	1	5	2	6	3	7	8	9
7	6	2	9	8	4	5	3	1
8	3	9	5	1	7	4	6	2

8 7 3 1 2 6
7 + 2 = 9; 9 x 8 = 72;
72 - 1 = 71; 71 x 6 = **426**

Puzzle 94

6	2	7	3	4	5	8	1	9
1	9	4	2	7	8	5	6	3
3	8	5	6	1	9	4	2	7
5	1	2	7	3	4	9	8	6
8	7	6	9	5	2	3	4	1
9	4	3	1	8	6	7	5	2
7	3	8	4	6	1	2	9	5
2	5	1	8	9	7	6	3	4
4	6	9	5	2	3	1	7	8

7 1 4 5 8 6
6 + 4 = 10; 10 x 8 = 80;
80 - 5 = 75; 75 x 7 = **525**

Puzzle 95

8	9	1	7	4	5	2	6	3
3	5	2	8	6	1	4	9	7
7	4	6	3	9	2	5	8	1
2	8	5	1	3	7	9	4	6
1	3	4	6	5	9	8	7	2
6	7	9	4	2	8	3	1	5
9	6	8	2	7	3	1	5	4
5	2	7	9	1	4	6	3	8
4	1	3	5	8	6	7	2	9

1 8 4 2 6 5
6 x 5 = 30; 30 - 2 = 28;
8 x 4 = 32; 32 - 1 = 31;
31 x 28 = **868**

Puzzle 96

1	9	4	2	5	3	6	7	8
5	7	6	8	9	4	1	3	2
2	8	3	1	7	6	5	9	4
7	1	8	5	6	9	2	4	3
3	6	2	4	8	1	7	5	9
9	4	5	7	3	2	8	6	1
8	5	1	3	4	7	9	2	6
4	2	9	6	1	5	3	8	7
6	3	7	9	2	8	4	1	5

4 5 8 1 9 6
6 x 5 = 30; 30 + 1 = 31;
8 x 4 = 32; 32 - 9 = 23;
31 x 23 = **713**

Puzzle 97

5	1	6	4	2	7	3	8	9
7	3	4	6	8	9	2	1	5
8	9	2	5	3	1	7	6	4
9	2	8	3	7	5	1	4	6
3	5	1	8	6	4	9	2	7
4	6	7	9	1	2	5	3	8
6	7	5	2	4	3	8	9	1
1	4	3	7	9	8	6	5	2
2	8	9	1	5	6	4	7	3

2 5 1 4 8 7
4 + 1 = 5; 7 x 5 = 35;
8 x 2 = 16; 16 + 5 = 21;
35 x 21 = **735**

Puzzle 98

3	5	1	2	6	7	8	9	4
7	4	8	1	3	9	5	2	6
9	2	6	5	8	4	1	3	7
6	9	5	3	7	8	2	4	1
8	3	7	4	2	1	9	6	5
2	1	4	9	5	6	3	7	8
5	7	9	6	1	3	4	8	2
4	8	2	7	9	5	6	1	3
1	6	3	8	4	2	7	5	9

3 6 9 5 4 8
8 x 5 = 40; 40 x 9 = 360;
360 + 4 = 364; 364 - 3 = **361**

Puzzle 99

8	3	1	5	4	2	6	7	9
4	7	9	6	3	8	5	2	1
2	6	5	9	7	1	3	8	4
9	1	6	2	5	7	4	3	8
5	4	8	1	9	3	7	6	2
3	2	7	4	8	6	1	9	5
7	9	2	3	1	5	8	4	6
6	5	3	8	2	4	9	1	7
1	8	4	7	6	9	2	5	3

7 5 8 9 1 3
8 x 5 = 40; 40 + 1 = 41;
9 + 7 = 16; 41 x 16 = **656**

Puzzle 100

8	9	6	4	5	1	7	3	2
1	7	2	8	6	3	9	5	4
3	5	4	2	7	9	1	6	8
5	3	7	9	2	6	4	8	1
9	6	1	5	4	8	2	7	3
2	4	8	1	3	7	5	9	6
4	2	9	3	8	5	6	1	7
6	8	5	7	1	2	3	4	9
7	1	3	6	9	4	8	2	5

5 4 8 7 9 2
9 + 2 = 11; 8 + 4 = 12;
12 x 11 = 132; 132 - 5 = 127;
127 x 7 = **889**

Puzzle 101

6	5	2	4	3	9	8	7	1
4	1	9	2	7	8	3	6	5
8	7	3	5	1	6	4	2	9
2	6	8	9	5	4	7	1	3
7	4	5	3	6	1	2	9	8
9	3	1	7	8	2	6	5	4
1	2	7	8	4	5	9	3	6
5	9	4	6	2	3	1	8	7
3	8	6	1	9	7	5	4	2

2 8 9 4 3 6
9 x 6 = 54; 54 + 4 = 58;
58 x 8 = 464; 464 x 2 = 928;
928 + 3 = **931**

Puzzle 102

3	1	6	8	2	9	5	4	7
2	4	8	5	1	7	6	9	3
5	9	7	3	4	6	2	8	1
1	8	2	4	3	5	7	6	9
9	7	3	2	6	1	8	5	4
4	6	5	9	7	8	1	3	2
7	3	4	6	8	2	9	1	5
8	2	9	1	5	3	4	7	6
6	5	1	7	9	4	3	2	8

9 8 5 2 7 4
7 x 2 = 14; 14 x 5 = 70;
70 x 9 = 630; 630 - 4 = **626**

Puzzle 103

2	8	9	7	3	5	6	1	4
1	6	3	9	2	4	7	8	5
7	4	5	8	1	6	2	9	3
8	5	4	2	7	1	9	3	6
6	3	2	5	9	8	4	7	1
9	7	1	6	4	3	5	2	8
5	2	6	1	8	7	3	4	9
3	1	7	4	5	9	8	6	2
4	9	8	3	6	2	1	5	7

1 2 5 3 7 8
8 x 3 = 24; 5 x 2 = 10;
24 + 10 = 34; 34 x 7 = **238**

Puzzle 104

2	3	6	4	7	5	8	1	9
8	4	9	6	1	2	7	5	3
5	1	7	8	9	3	4	6	2
1	9	2	5	3	8	6	4	7
3	8	4	2	6	7	5	9	1
6	7	5	1	4	9	3	2	8
4	2	3	9	8	6	1	7	5
7	5	1	3	2	4	9	8	6
9	6	8	7	5	1	2	3	4

9 8 4 7 5 2
7 + 2 = 9; 9 + 8 = 17;
17 x 5 = 85; 85 x 9 = **765**

Puzzle 105

5	1	8	9	6	3	2	7	4
2	3	7	8	5	4	6	9	1
4	6	9	1	2	7	5	3	8
9	5	3	4	7	6	1	8	2
1	7	2	5	8	9	3	4	6
8	4	6	2	3	1	7	5	9
6	2	5	3	9	8	4	1	7
7	8	4	6	1	5	9	2	3
3	9	1	7	4	2	8	6	5

1 6 9 7 8 5
9 + 7 = 16; 16 x 8 = 128;
128 - 5 = 123; 123 x 6 = **738**

Puzzle 106

7	3	9	5	6	2	8	1	4
1	5	8	4	7	9	6	2	3
4	6	2	8	3	1	5	7	9
9	4	6	2	5	7	3	8	1
3	2	5	1	8	6	9	4	7
8	7	1	3	9	4	2	5	6
6	9	4	7	2	5	1	3	8
5	1	3	9	4	8	7	6	2
2	8	7	6	1	3	4	9	5

5 8 7 1 2 9
9 + 5 = 14; 14 x 8 = 112;
112 - 1 = 111; 111 x 7 = 777;
777 + 2 = **779**

Puzzle 107

3	5	7	1	8	4	2	6	9
4	9	6	2	5	7	3	1	8
2	8	1	6	9	3	7	4	5
9	6	3	7	1	8	5	2	4
8	7	2	5	4	6	1	9	3
5	1	4	3	2	9	6	8	7
6	2	9	8	7	5	4	3	1
7	3	8	4	6	1	9	5	2
1	4	5	9	3	2	8	7	6

4 1 3 6 5 8
8 x 4 = 32; 32 + 6 = 38;
5 + 3 = 8; 38 x 8 = 304;
304 - 1 = **303**

Puzzle 108

3	7	2	1	8	4	5	9	6
4	9	8	2	6	5	7	1	3
1	6	5	3	9	7	8	4	2
6	1	7	4	3	9	2	5	8
8	2	9	7	5	6	1	3	4
5	3	4	8	1	2	9	6	7
7	4	3	9	2	1	6	8	5
9	8	6	5	7	3	4	2	1
2	5	1	6	4	8	3	7	9

3 7 2 6 1 4
6 x 4 = 24; 24 + 3 = 27;
27 x 7 = **189**

Puzzle 109

1	2	4	5	9	8	7	6	3
7	5	8	2	3	6	9	4	1
3	6	9	1	4	7	2	5	8
5	1	7	6	8	9	4	3	2
6	4	3	7	1	2	5	8	9
9	8	2	3	5	4	6	1	7
4	9	6	8	7	3	1	2	5
8	7	1	4	2	5	3	9	6
2	3	5	9	6	1	8	7	4

7 5 2 1 3 6
6 x 5 = 30; 30 - 1 = 29;
7 x 2 = 14; 14 - 3 = 11;
29 x 11 = **319**

Puzzle 110

8	2	6	4	5	7	3	9	1
5	1	9	3	6	8	4	7	2
4	7	3	9	2	1	5	8	6
1	8	7	5	9	4	2	6	3
6	5	4	7	3	2	8	1	9
3	9	2	8	1	6	7	5	4
9	4	5	1	7	3	6	2	8
7	6	8	2	4	9	1	3	5
2	3	1	6	8	5	9	4	7

4 6 8 9 5 2
8 + 5 = 13; 13 x 9 = 117;
117 - 2 = 115; 115 x 4 = **460**

Puzzle 111

7	4	5	9	2	3	6	1	8
1	6	2	4	8	5	9	3	7
3	9	8	6	7	1	2	4	5
5	7	4	1	9	2	3	8	6
9	3	1	8	6	4	5	7	2
8	2	6	5	3	7	4	9	1
2	5	9	3	1	8	7	6	4
4	1	3	7	5	6	8	2	9
6	8	7	2	4	9	1	5	3

2 6 5 8 3 7
7 x 3 = 21; 21 + 8 = 29;
6 + 5 = 11; 29 x 11 = **319**

Puzzle 112

2	5	8	7	9	4	6	1	3
6	4	9	2	3	1	5	7	8
1	7	3	8	6	5	4	2	9
5	9	7	4	2	3	1	8	6
4	3	2	1	8	6	9	5	7
8	6	1	5	7	9	2	3	4
9	8	6	3	5	2	7	4	1
7	1	5	9	4	8	3	6	2
3	2	4	6	1	7	8	9	5

9 7 8 1 5 4
8 x 7 = 56; 56 - 5 = 51;
51 x 9 = 459; 459 + 1 = **460**

Puzzle 113

5	8	6	4	7	1	9	2	3
2	9	4	8	5	3	7	1	6
7	3	1	6	9	2	5	8	4
1	5	2	3	4	7	8	6	9
3	4	9	5	6	8	1	7	2
8	6	7	1	2	9	3	4	5
6	7	3	2	1	5	4	9	8
4	1	8	9	3	6	2	5	7
9	2	5	7	8	4	6	3	1

8 6 1 3 5 7
7 x 5 = 35; 35 + 8 = 43;
43 x 3 = 129; 129 x 6 = 774;
774 - 1 = **773**

Puzzle 114

2	5	7	3	6	8	4	1	9
9	1	4	5	2	7	3	8	6
6	8	3	1	9	4	5	2	7
3	7	2	9	1	6	8	5	4
1	4	6	8	5	2	7	9	3
5	9	8	7	4	3	2	6	1
8	6	9	4	7	5	1	3	2
4	3	1	2	8	9	6	7	5
7	2	5	6	3	1	9	4	8

2 1 8 4 6 9
8 x 4 = 32; 32 + 6 = 38;
9 + 2 = 11; 38 x 11 = **418**

Puzzle 115

2	9	6	1	7	4	8	3	5
8	7	1	5	2	3	4	6	9
4	3	5	9	6	8	7	1	2
5	2	4	3	8	1	9	7	6
3	6	8	7	9	5	1	2	4
7	1	9	2	4	6	3	5	8
1	4	2	6	3	9	5	8	7
6	8	3	4	5	7	2	9	1
9	5	7	8	1	2	6	4	3

1 4 3 5 7 2
7 x 5 = 35; 4 + 2 = 6;
35 x 6 = 210; 210 - 1 = 209;
209 x 3 = **627**

Puzzle 116

1	8	4	5	9	7	3	2	6
5	7	2	3	6	4	9	1	8
3	6	9	2	1	8	5	7	4
7	4	6	9	2	5	8	3	1
8	1	5	6	4	3	2	9	7
2	9	3	7	8	1	4	6	5
6	5	7	4	3	9	1	8	2
4	3	1	8	7	2	6	5	9
9	2	8	1	5	6	7	4	3

8 3 2 4 6 5
6 + 5 = 11; 11 x 4 = 44;
44 x 8 = 352; 352 - 2 = 350;
350 + 3 = **353**

Puzzle 117

5	6	4	2	7	9	3	1	8
7	3	9	1	8	6	2	4	5
1	8	2	4	5	3	7	6	9
6	9	3	5	4	8	1	2	7
8	5	1	6	2	7	9	3	4
4	2	7	3	9	1	8	5	6
2	7	6	8	3	4	5	9	1
3	4	8	9	1	5	6	7	2
9	1	5	7	6	2	4	8	3

1 5 2 8 4 9
9 x 4 = 36; 36 x 8 = 288;
288 - 1 = **287**

Puzzle 118

3	2	8	1	6	5	7	9	4
9	7	1	4	8	3	2	6	5
4	6	5	9	7	2	1	8	3
5	4	7	8	1	6	3	2	9
1	3	6	5	2	9	4	7	8
8	9	2	7	3	4	6	5	1
2	1	9	6	4	8	5	3	7
6	8	4	3	5	7	9	1	2
7	5	3	2	9	1	8	4	6

2 1 9 4 7 5
9 x 7 = 63; 63 - 1 = 62;
5 - 2 = 3; 4 x 3 = 12;
62 x 12 = **744**

Puzzle 119

9	2	7	5	8	4	3	1	6
5	4	6	7	1	3	8	2	9
8	3	1	6	2	9	4	7	5
2	6	3	8	7	1	9	5	4
1	5	4	3	9	6	7	8	2
7	9	8	4	5	2	1	6	3
6	7	2	9	4	8	5	3	1
4	1	5	2	3	7	6	9	8
3	8	9	1	6	5	2	4	7

2 1 4 8 5 6
8 + 6 = 14; 14 x 5 = 70;
70 x 4 = 280; 280 x 2 = 560;
560 - 1 = **559**

Puzzle 120

2	5	7	4	6	9	8	3	1
4	9	1	8	3	7	6	2	5
6	3	8	2	5	1	4	9	7
7	4	6	3	1	2	5	8	9
3	8	2	5	9	6	7	1	4
9	1	5	7	4	8	2	6	3
1	7	9	6	2	5	3	4	8
5	6	4	1	8	3	9	7	2
8	2	3	9	7	4	1	5	6

1 4 8 7 2 9
7 + 2 = 9; 9 x 9 = 81;
81 + 1 = 82; 8 + 4 = 12;
82 x 12 = **984**

Puzzle 121

8	5	7	1	9	6	4	2	3
1	4	6	5	2	3	7	9	8
3	2	9	4	7	8	5	1	6
4	1	2	8	5	9	6	3	7
7	3	8	2	6	1	9	5	4
6	9	5	7	3	4	2	8	1
5	6	3	9	8	7	1	4	2
9	7	1	3	4	2	8	6	5
2	8	4	6	1	5	3	7	9

617439
9 x 6 = 54; 54 + 3 = 57;
57 x 4 = 228; 228 + 7 = **235**

Puzzle 122

6	2	4	1	5	7	3	9	8
8	7	1	6	3	9	2	4	5
9	5	3	4	8	2	1	6	7
1	8	2	7	4	5	9	3	6
7	3	9	2	6	1	5	8	4
5	4	6	3	9	8	7	2	1
2	6	5	8	1	3	4	7	9
3	9	8	5	7	4	6	1	2
4	1	7	9	2	6	8	5	3

756821
8 x 6 = 48; 7 + 2 = 9;
48 x 9 = 432; 432 + 1 = **433**

Puzzle 123

2	7	6	8	1	3	5	9	4
4	9	3	5	7	6	8	1	2
1	5	8	9	2	4	3	6	7
3	8	7	4	9	1	2	5	6
6	4	1	3	5	2	7	8	9
5	2	9	6	8	7	1	4	3
9	3	5	2	6	8	4	7	1
8	1	2	7	4	9	6	3	5
7	6	4	1	3	5	9	2	8

894712
9 x 2 = 18; 18 + 7 = 25;
25 x 4 = 100; 100 x 8 = 800;
800 - 1 = **799**

Puzzle 124

6	9	8	5	2	3	1	4	7
7	4	5	9	1	6	3	8	2
2	1	3	7	4	8	6	9	5
4	7	9	3	6	5	8	2	1
5	6	2	1	8	4	9	7	3
3	8	1	2	9	7	4	5	6
9	5	7	8	3	1	2	6	4
1	2	6	4	5	9	7	3	8
8	3	4	6	7	2	5	1	9

812496
9 + 2 = 11; 11 x 6 = 66;
66 - 1 = 65; 65 x 8 = **520**

Puzzle 125

3	2	6	8	9	5	7	1	4
5	4	8	6	7	1	9	3	2
7	1	9	3	4	2	8	5	6
9	7	3	5	2	8	4	6	1
4	8	2	7	1	6	3	9	5
1	6	5	4	3	9	2	7	8
2	5	7	9	6	4	1	8	3
8	3	1	2	5	7	6	4	9
6	9	4	1	8	3	5	2	7

758649
9 + 4 = 13; 8 x 6 = 48;
48 - 13 = 35; 35 x 7 = **245**

Puzzle 126

8	7	5	2	4	6	3	9	1
2	9	3	1	7	8	4	6	5
6	1	4	5	3	9	2	7	8
1	6	7	4	8	2	9	5	3
5	4	9	3	1	7	6	8	2
3	2	8	6	9	5	1	4	7
4	8	1	7	6	3	5	2	9
9	5	6	8	2	1	7	3	4
7	3	2	9	5	4	8	1	6

951324
9 x 3 = 27; 27 + 1 = 28;
4 + 2 = 6; 28 x 6 = 168;
168 x 5 = **840**

Puzzle 127

8	7	5	9	3	6	1	4	2
6	2	9	8	1	4	3	5	7
3	4	1	7	2	5	6	9	8
4	5	8	3	6	2	7	1	9
1	6	2	4	9	7	8	3	5
7	9	3	5	8	1	2	6	4
9	8	6	2	5	3	4	7	1
5	1	4	6	7	8	9	2	3
2	3	7	1	4	9	5	8	6

612458
8 x 2 = 16; 16 x 6 = 96;
96 + 1 = 97; 97 x 4 = **388**

Puzzle 128

2	6	7	1	8	4	3	9	5
3	8	4	5	2	9	1	7	6
1	5	9	6	3	7	8	2	4
4	7	8	9	1	3	5	6	2
6	1	3	2	4	5	7	8	9
9	2	5	7	6	8	4	3	1
7	3	2	4	5	6	9	1	8
5	9	6	8	7	1	2	4	3
8	4	1	3	9	2	6	5	7

827643
8 x 7 = 56; 56 - 3 = 53;
53 x 6 = 318; 318 x 2 = **636**

Puzzle 129

7	6	2	1	3	4	5	9	8
9	1	3	5	6	8	2	7	4
5	4	8	9	7	2	3	6	1
6	9	1	4	5	3	7	8	2
4	8	5	6	2	7	9	1	3
2	3	7	8	9	1	6	4	5
8	2	9	3	4	6	1	5	7
1	7	6	2	8	5	4	3	9
3	5	4	7	1	9	8	2	6

783291
9 x 2 = 18; 18 x 3 = 54;
8 + 7 = 15; 54 x 15 = 810;
810 + 1 = **811**

Puzzle 130

2	6	3	5	9	4	8	7	1
5	7	1	8	6	2	9	3	4
8	4	9	3	1	7	6	5	2
3	8	7	1	2	9	4	6	5
9	1	5	4	8	6	3	2	7
6	2	4	7	3	5	1	9	8
1	3	2	6	7	8	5	4	9
4	9	8	2	5	3	7	1	6
7	5	6	9	4	1	2	8	3

978452
8 - 2 = 6; 6 x 5 = 30;
9 x 4 = 36; 36 - 7 = 29;
30 x 29 = **870**

Puzzle 131

2	6	5	7	9	3	1	4	8
4	3	8	2	6	1	7	9	5
9	7	1	8	5	4	2	3	6
8	5	6	9	1	7	3	2	4
1	9	4	3	2	5	6	8	7
3	2	7	4	8	6	9	5	1
5	1	2	6	4	9	8	7	3
7	4	9	1	3	8	5	6	2
6	8	3	5	7	2	4	1	9

923678
7 x 3 = 21; 21 - 8 = 13;
13 x 6 = 78; 78 x 9 = **702**

Puzzle 132

2	8	6	5	4	9	1	7	3
9	5	1	7	8	3	4	6	2
3	7	4	6	2	1	8	5	9
1	4	9	8	7	5	2	3	6
6	3	5	9	1	2	7	8	4
7	2	8	3	6	4	9	1	5
4	6	2	1	5	7	3	9	8
5	9	7	4	3	8	6	2	1
8	1	3	2	9	6	5	4	7

912867
8 x 6 = 48; 48 + 7 = 55;
55 x 9 = 495; 495 - 2 = **493**

Puzzle 133

6	5	9	4	7	2	1	3	8
4	8	7	3	1	9	6	2	5
2	1	3	6	8	5	9	7	4
3	2	4	1	9	8	5	6	7
7	6	8	2	5	4	3	1	9
5	9	1	7	3	6	4	8	2
8	4	2	5	6	3	7	9	1
1	3	5	9	2	7	8	4	6
9	7	6	8	4	1	2	5	3

197625
6 + 5 = 11; 11 x 7 = 77;
77 x 9 = 693; 693 - 2 = **691**

Puzzle 134

3	7	2	4	8	5	9	6	1
4	9	1	3	6	7	5	2	8
5	6	8	9	1	2	7	4	3
8	1	7	2	3	9	4	5	6
9	3	4	6	5	8	2	1	7
2	5	6	1	7	4	8	3	9
1	8	9	5	4	6	3	7	2
7	4	3	8	2	1	6	9	5
6	2	5	7	9	3	1	8	4

798162
6 + 2 = 8; 9 x 8 = 72;
72 + 1 = 73; 73 x 8 = **584**

Puzzle 135

2	9	5	6	3	1	4	8	7
6	8	7	5	4	2	1	9	3
1	3	4	8	7	9	6	5	2
8	2	3	7	1	5	9	4	6
7	5	6	9	8	4	3	2	1
9	4	1	2	6	3	7	8	5
4	6	8	3	9	7	2	1	5
3	1	2	4	5	8	7	6	9
5	7	9	1	2	6	8	3	4

758692
9 x 2 = 18; 18 x 6 = 108;
108 + 5 = 113; 113 x 7 = **791**

Puzzle 136

9	3	1	6	7	4	2	5	8
6	2	7	5	8	1	3	9	4
4	5	8	3	9	2	6	7	1
1	9	5	4	2	6	8	3	7
8	6	3	9	1	7	4	2	5
7	4	2	8	3	5	9	1	6
5	8	9	7	6	3	1	4	2
3	1	4	2	5	8	7	6	9
2	7	6	1	4	9	5	8	3

695213
3 + 1 = 4; 4 x 2 = 8;
9 x 8 = 72; 72 x 6 = 432;
432 - 5 = **427**

Puzzle 137

2	1	4	9	6	5	8	3	7
8	5	6	1	7	3	2	4	9
3	9	7	8	2	4	6	5	1
1	2	3	6	4	9	5	7	8
6	4	8	5	1	7	9	2	3
9	7	5	2	3	8	1	6	4
5	3	9	4	8	6	7	1	2
7	8	2	3	5	1	4	9	6
4	6	1	7	9	2	3	8	5

179385
8 x 5 = 40; 40 x 7 = 280;
280 - 9 = 271; 271 x 3 = **813**

Puzzle 138

3	8	7	9	2	1	5	6	4
9	2	1	5	6	4	7	8	3
6	4	5	8	3	7	9	1	2
7	5	4	1	8	6	3	2	9
8	9	3	7	4	2	1	5	6
2	1	6	3	5	9	4	7	8
5	6	2	4	7	3	8	9	1
1	3	8	6	9	5	2	4	7
4	7	9	2	1	8	6	3	5

637129
6 x 2 = 12; 12 + 3 = 15;
15 x 9 = 135; 135 x 7 = 945;
945 + 1 = **946**

Puzzle 139

3	7	5	8	6	1	9	4	2
2	1	8	4	9	5	6	7	3
4	6	9	3	7	2	1	5	8
5	3	7	9	4	8	2	6	1
6	2	4	7	1	3	8	9	5
8	9	1	2	5	6	7	3	4
7	4	3	1	8	9	5	2	6
9	8	6	5	2	4	3	1	7
1	5	2	6	3	7	4	8	9

213896
6 x 2 = 12; 12 - 1 = 11;
11 x 9 = 99; 99 x 8 = 792;
792 + 3 = **795**

Puzzle 140

2	6	1	4	8	9	3	5	7
4	3	8	5	1	7	2	9	6
9	5	7	3	2	6	4	8	1
7	4	6	2	5	8	1	3	9
5	2	3	9	4	1	6	7	8
1	8	9	6	7	3	5	4	2
6	9	5	7	3	2	8	1	4
3	1	2	8	9	4	7	6	5
8	7	4	1	6	5	9	2	3

618374
4 x 3 = 12; 12 x 8 = 96;
96 - 7 = 89; 89 x 6 = **534**

Puzzle 141

3	9	4	6	2	5	1	7	8
2	7	1	9	3	8	5	4	6
5	8	6	7	4	1	9	2	3
9	4	2	5	1	3	8	6	7
8	3	7	2	9	6	4	1	5
1	6	5	4	8	7	2	3	9
7	1	9	3	5	4	6	8	2
4	5	3	8	6	2	7	9	1
6	2	8	1	7	9	3	5	4

635217
7 x 5 = 35; 35 - 1 = 34;
6 x 3 = 18; 18 + 2 = 20;
34 x 20 = **680**

Puzzle 142

6	8	1	2	3	4	7	5	9
5	4	9	6	7	8	3	1	2
3	2	7	9	1	5	6	8	4
9	5	4	3	6	2	1	7	8
7	3	6	8	4	1	9	2	5
8	1	2	5	9	7	4	6	3
1	9	5	4	2	6	8	3	7
2	6	3	7	8	9	5	4	1
4	7	8	1	5	3	2	9	6

792584
7 x 4 = 28; 28 - 2 = 26;
26 x 8 = 208; 208 + 5 = **213**

Puzzle 143

4	6	3	1	9	8	5	7	2
9	1	5	7	4	2	8	6	3
7	2	8	6	3	5	1	9	4
2	8	1	9	6	4	3	5	7
3	7	9	2	5	1	6	4	8
6	5	4	8	7	3	9	2	1
5	3	7	4	8	9	2	1	6
8	4	2	5	1	6	7	3	9
1	9	6	3	2	7	4	8	5

853246
8 x 4 = 32; 32 - 2 = 30;
30 x 6 = 180; 180 - 3 = 177;
177 x 5 = **885**

Puzzle 144

3	8	6	5	4	2	1	7	9
5	1	9	7	6	8	4	2	3
7	2	4	3	9	1	8	5	6
9	6	7	8	3	5	2	4	1
8	4	2	6	1	7	9	3	5
1	3	5	4	2	9	7	6	8
4	7	3	1	8	6	5	9	2
2	5	1	9	7	3	6	8	4
6	9	8	2	5	4	3	1	7

261492
9 + 1 = 10; 10 x 6 = 60;
4 x 2 = 8; 8 + 2 = 10;
60 x 10 = **600**

Puzzle 145

7	1	5	8	6	9	4	3	2
4	6	2	3	5	7	9	8	1
8	3	9	1	2	4	7	6	5
5	9	4	6	7	2	3	1	8
2	8	3	4	9	1	6	5	7
1	7	6	5	3	8	2	4	9
9	4	8	7	1	3	5	2	6
3	5	7	2	8	6	1	9	4
6	2	1	9	4	5	8	7	3

213865
3 + 1 = 4; 5 x 4 = 20;
8 x 6 = 48; 48 - 2 = 46;
46 x 20 = **920**

Puzzle 146

6	4	9	3	2	1	7	8	5
8	5	3	7	4	6	2	1	9
7	2	1	5	8	9	6	4	3
2	1	7	9	5	8	3	6	4
3	8	5	6	1	4	9	2	7
4	9	6	2	7	3	8	5	1
1	6	8	4	3	7	5	9	2
9	7	2	1	6	5	4	3	8
5	3	4	8	9	2	1	7	6

469183
8 + 1 = 9; 9 x 6 = 54;
54 + 3 = 57; 57 x 9 = 513;
513 + 4 = **517**

Puzzle 147

6	9	5	4	7	3	1	8	2
8	7	4	9	1	2	6	5	3
3	1	2	5	8	6	9	7	4
2	4	7	1	6	5	8	3	9
9	8	1	2	3	7	5	4	6
5	6	3	8	4	9	2	1	7
1	5	6	7	2	4	3	9	8
4	3	9	6	5	8	7	2	1
7	2	8	3	9	1	4	6	5

572481
8 x 2 = 16; 16 x 5 = 80;
80 + 1 = 81; 81 x 7 = 567;
567 - 4 = **563**

Puzzle 148

8	6	4	9	3	7	5	1	2
1	7	3	2	6	5	9	8	4
5	9	2	1	4	8	3	7	6
6	3	5	4	7	2	1	9	8
7	4	1	3	8	9	2	6	5
2	8	9	5	1	6	4	3	7
3	2	7	8	9	4	6	5	1
4	1	8	6	5	3	7	2	9
9	5	6	7	2	1	8	4	3

213846
8 x 6 = 48; 48 x 3 = 144;
144 - 4 = 140; 140 - 1 = **139**

Puzzle 149

2	9	5	1	8	4	7	6	3
8	7	3	6	2	9	5	4	1
1	6	4	7	5	3	9	2	8
4	8	9	3	7	2	6	1	5
5	2	7	8	6	1	4	3	9
3	1	6	9	4	5	8	7	2
7	5	1	2	9	6	3	8	4
9	3	8	4	1	7	2	5	6
6	4	2	5	3	8	1	9	7

253684
6 x 4 = 24; 8 + 3 = 11;
24 x 11 = 264; 264 - 2 = **262**

Puzzle 150

6	7	8	2	3	9	4	1	5
3	1	4	5	6	7	2	9	8
2	9	5	8	1	4	6	7	3
4	3	9	1	7	2	8	5	6
8	2	7	4	5	6	1	3	9
5	6	1	3	9	8	7	2	4
1	4	3	6	2	5	9	8	7
9	8	2	7	4	3	5	6	1
7	5	6	9	8	1	3	4	2

987654
9 x 8 = 72; 72 - 5 = 67;
67 x 7 = 469; 469 + 6 = **475**

Puzzle 151

9	6	4	8	1	5	2	3	7
8	7	3	4	2	9	1	6	5
5	1	2	7	3	6	9	4	8
4	9	5	1	6	8	3	7	2
6	3	8	2	5	7	4	1	9
7	2	1	9	4	3	8	5	6
1	5	7	3	8	2	6	9	4
3	8	6	5	9	4	7	2	1
2	4	9	6	7	1	5	8	3

785649
6 x 5 = 30; 30 + 4 = 34;
34 x 9 = 306; 306 + 7 = **313**

Puzzle 152

5	7	1	9	3	8	4	2	6
8	6	2	7	1	4	9	3	5
9	3	4	2	6	5	1	8	7
1	4	5	8	9	6	3	7	2
6	2	8	1	7	3	5	4	9
3	9	7	4	5	2	8	6	1
7	8	3	5	2	1	6	9	4
2	5	6	3	4	9	7	1	8
4	1	9	6	8	7	2	5	3

213567
7 x 5 = 35; 35 + 1 = 36;
36 x 6 = 216; 216 x 3 = 648;
648 - 2 = **646**

Puzzle 153

9	6	1	5	8	7	4	3	2
4	2	5	3	1	6	7	8	9
8	3	7	2	9	4	1	5	6
1	5	4	7	3	9	6	2	8
2	7	8	1	6	5	3	9	4
3	9	6	8	4	2	5	7	1
5	1	3	4	2	8	9	6	7
7	8	9	6	5	1	2	4	3
6	4	2	9	7	3	8	1	5

29158
5 - 1 = 4; 8 x 4 = 32;
32 x 9 = 288; 288 x 2 = **576**

Puzzle 154

4	6	2	3	5	9	7	1	8
7	8	5	4	1	6	3	9	2
9	3	1	2	8	7	4	5	6
2	9	8	7	3	4	5	6	1
1	4	6	5	9	8	2	7	3
5	7	3	1	6	2	9	8	4
3	1	7	8	4	5	6	2	9
8	5	9	6	2	3	1	4	7
6	2	4	9	7	1	8	3	5

51468
8 x 6 = 48; 48 + 4 = 52;
52 + 1 = 53; 53 x 5 = **265**

Puzzle 155

6	1	2	3	8	7	9	4	5
9	8	4	2	6	5	1	3	7
7	3	5	4	9	1	2	8	6
5	9	1	8	2	3	7	6	4
4	6	8	5	7	9	3	1	2
3	2	7	6	1	4	8	5	9
1	4	3	7	5	2	6	9	8
8	7	9	1	4	6	5	2	3
2	5	6	9	3	8	4	7	1

86217
6 x 2 = 12; 12 - 1 = 11;
11 x 7 = 77; 77 x 8 = **616**

Puzzle 156

2	1	9	4	3	7	6	8	5
8	5	3	6	9	1	7	2	4
4	7	6	5	8	2	1	3	9
5	2	7	9	1	3	4	6	8
1	9	4	8	5	6	3	7	2
6	3	8	2	7	4	9	5	1
3	4	5	1	6	8	2	9	7
7	8	1	3	2	9	5	4	6
9	6	2	7	4	5	8	1	3

32987
8 x 7 = 56; 56 - 3 = 53;
53 x 9 = 477; 477 + 2 = **479**

Puzzle 157

8	2	9	1	3	4	6	7	5
5	3	7	6	8	9	2	1	4
4	6	1	2	7	5	9	3	8
7	5	6	9	1	8	3	4	2
9	1	4	3	2	7	5	8	6
3	8	2	5	4	6	7	9	1
1	4	5	7	6	3	8	2	9
6	7	8	4	9	2	1	5	3
2	9	3	8	5	1	4	6	7

4 1 5 8 2
8 x 5 = 40; 2 + 1 = 3;
40 x 3 = 120; 120 x 4 = **480**

Puzzle 158

9	8	4	2	7	3	5	1	6
6	5	3	4	8	1	9	7	2
7	1	2	5	9	6	3	4	8
5	4	9	6	1	2	7	8	3
1	3	8	7	5	9	2	6	4
2	7	6	8	3	4	1	9	5
8	2	1	9	4	5	6	3	7
4	9	5	3	6	7	8	2	1
3	6	7	1	2	8	4	5	9

3 7 8 1 9
8 + 1 = 9; 9 x 9 = 81;
7 + 3 = 10; 81 x 10 = **810**

Puzzle 159

2	8	6	7	4	1	9	5	3
7	4	3	5	8	9	2	1	6
9	1	5	2	6	3	8	7	4
5	3	8	1	7	6	4	2	9
6	7	2	4	9	5	1	3	8
1	9	4	3	2	8	5	6	7
8	2	9	6	1	7	3	4	5
3	6	1	9	5	4	7	8	2
4	5	7	8	3	2	6	9	1

7 4 9 5 6
9 x 6 = 54; 54 + 4 = 58;
7 + 5 = 12; 58 x 12 = **696**

Puzzle 160

7	1	3	4	2	6	8	9	5
9	2	4	7	8	5	3	1	6
8	6	5	9	3	1	2	4	7
1	7	2	5	6	4	9	3	8
6	4	8	3	9	7	1	5	2
3	5	9	8	1	2	7	6	4
4	8	1	6	7	9	5	2	3
5	9	7	2	4	3	6	8	1
2	3	6	1	5	8	4	7	9

6 1 8 3 6
6 + 1 = 7; 8 x 7 = 56;
56 x 6 = 336; 336 - 3 = **333**

Puzzle 161

6	8	4	3	9	2	1	5	7
7	2	9	6	5	1	3	8	4
5	3	1	8	7	4	6	9	2
8	7	6	4	2	9	5	3	1
4	1	5	7	8	3	9	2	6
3	9	2	1	6	5	7	4	8
1	5	8	9	4	6	2	7	3
9	4	3	2	1	7	8	6	5
2	6	7	5	3	8	4	1	9

3 1 7 8 4
8 x 7 = 56; 4 + 1 = 5;
56 x 5 = 280; 280 x 3 = **840**

Puzzle 162

3	5	6	8	9	1	4	2	7
8	9	7	2	4	6	3	5	1
2	1	4	3	7	5	6	8	9
6	7	9	1	3	8	5	4	2
1	2	5	9	6	4	7	3	8
4	8	3	5	2	7	9	1	6
7	4	8	6	1	3	2	9	5
5	3	2	7	8	9	1	6	4
9	6	1	4	5	2	8	7	3

5 7 6 2 9
9 x 7 = 63; 63 + 5 = 68;
68 x 2 = 136; 136 x 6 = **816**

Puzzle 163

2	9	3	4	6	8	1	5	7
6	1	5	3	2	7	8	9	4
7	4	8	1	9	5	3	2	6
8	5	2	9	1	4	7	6	3
1	7	9	6	5	3	4	8	2
4	3	6	7	8	2	5	1	9
9	6	7	5	3	1	2	4	8
5	8	4	2	7	9	6	3	1
3	2	1	8	4	6	9	7	5

3 4 2 5 9
5 + 2 = 7; 9 x 7 = 63;
63 x 4 = 252; 252 x 3 = **756**

Puzzle 164

1	6	5	9	4	3	8	7	2
9	7	4	2	8	1	3	6	5
2	3	8	5	6	7	9	1	4
7	8	3	1	2	6	4	5	9
6	2	9	8	5	4	1	3	7
4	5	1	7	3	9	6	2	8
8	4	7	6	1	2	5	9	3
5	1	2	3	9	8	7	4	6
3	9	6	4	7	5	2	8	1

6 4 8 5 7
8 x 5 = 40; 7 + 6 = 13;
40 x 13 = 520; 520 - 4 = **516**

Puzzle 165

9	3	7	8	2	5	6	1	4
4	5	2	1	6	9	8	7	3
8	1	6	7	4	3	5	9	2
2	8	5	3	9	7	1	4	6
7	4	1	2	8	6	3	5	9
6	9	3	5	1	4	7	2	8
5	7	9	6	3	2	4	8	1
1	6	4	9	7	8	2	3	5
3	2	8	4	5	1	9	6	7

8 9 2 1 3
2 + 1 = 3; 3 x 3 = 9;
9 x 9 = 81; 81 x 8 = **648**

Puzzle 166

2	5	6	4	7	9	1	8	3
8	9	3	2	6	1	5	7	4
1	4	7	8	3	5	2	6	9
7	8	4	6	1	3	9	2	5
9	6	1	5	2	7	3	4	8
5	3	2	9	8	4	6	1	7
6	7	9	1	5	8	4	3	2
3	1	5	7	4	2	8	9	6
4	2	8	3	9	6	7	5	1

6 3 5 4 7
7 x 5 = 35; 35 + 4 = 39;
39 x 6 = 234; 234 + 3 = **237**

Puzzle 167

2	7	6	4	8	3	9	5	1
3	9	8	5	1	7	6	2	4
1	4	5	9	6	2	3	8	7
8	5	7	2	9	6	4	1	3
9	2	1	3	4	5	8	7	6
4	6	3	8	7	1	2	9	5
7	3	4	1	2	8	5	6	9
5	1	2	6	3	9	7	4	8
6	8	9	7	5	4	1	3	2

2 1 5 3 9
5 x 3 = 15; 15 + 1 = 16;
16 x 9 = 144; 144 x 2 = **288**

Puzzle 168

2	3	9	8	1	5	4	6	7
6	7	5	4	2	9	8	3	1
8	4	1	6	3	7	9	2	5
7	8	2	3	4	6	1	5	9
1	9	6	5	8	2	7	4	3
3	5	4	9	7	1	6	8	2
4	2	8	7	9	3	5	1	6
5	1	7	2	6	4	3	9	8
9	6	3	1	5	8	2	7	4

3 6 8 9 1
9 x 8 = 72; 72 x 6 = 432;
3 - 1 = 2; 432 x 2 = **864**

Puzzle 169

8	9	3	4	2	6	5	1	7
4	5	1	7	8	3	9	2	6
6	7	2	5	9	1	4	8	3
9	1	7	8	6	4	3	5	2
2	8	5	3	1	7	6	4	9
3	4	6	2	5	9	1	7	8
1	2	8	6	3	5	7	9	4
5	3	4	9	7	8	2	6	1
7	6	9	1	4	2	8	3	5

37892
9 - 2 = 7; 7 x 7 = 49;
49 - 3 = 46; 46 x 8 = **368**

Puzzle 170

9	5	1	7	4	2	3	8	6
4	6	8	3	5	9	7	2	1
2	7	3	8	1	6	4	5	9
7	9	6	4	8	5	1	3	2
1	8	2	9	3	7	5	6	4
5	3	4	2	6	1	8	9	7
8	1	7	6	2	3	9	4	5
6	4	9	5	7	8	2	1	3
3	2	5	1	9	4	6	7	8

86935
9 + 3 = 12; 12 x 6 = 72;
72 x 8 = 576; 576 - 5 = **571**

Puzzle 171

7	4	5	3	6	2	1	8	9
8	1	6	7	9	4	2	5	3
3	2	9	8	1	5	7	6	4
5	3	1	9	7	8	6	4	2
9	8	2	6	4	1	5	3	7
4	6	7	2	5	3	8	9	1
6	5	4	1	3	7	9	2	8
1	9	8	4	2	6	3	7	5
2	7	3	5	8	9	4	1	6

58794
9 + 7 = 16; 16 x 4 = 64;
64 x 8 = 512; 512 + 5 = **517**

Puzzle 172

4	7	9	3	2	8	5	6	1
5	2	8	6	1	9	4	3	7
3	6	1	5	7	4	8	2	9
7	5	6	9	4	3	2	1	8
2	8	3	1	6	5	7	9	4
1	9	4	2	8	7	3	5	6
8	3	2	7	9	6	1	4	5
6	4	5	8	3	1	9	7	2
9	1	7	4	5	2	6	8	3

65149
9 - 1 = 8; 8 x 4 = 32;
32 x 5 = 160; 160 x 6 = **960**

Puzzle 173

7	2	5	8	9	3	6	1	4
1	8	9	5	6	4	3	7	2
4	6	3	2	7	1	9	5	8
9	1	2	4	5	6	7	8	3
5	4	8	7	3	9	2	6	1
6	3	7	1	2	8	4	9	5
2	5	6	3	1	7	8	4	9
8	9	1	6	4	2	5	3	7
3	7	4	9	8	5	1	2	6

96157
9 x 7 = 63; 63 + 5 = 68;
6 + 1 = 7; 68 x 7 = **476**

Puzzle 174

3	7	4	9	2	8	5	1	6
6	5	2	4	1	3	8	9	7
1	9	8	6	7	5	3	4	2
5	3	9	7	6	1	4	2	8
7	4	6	8	9	2	1	5	3
2	8	1	5	3	4	6	7	9
8	2	3	1	4	9	7	6	5
9	1	7	3	5	6	2	8	4
4	6	5	2	8	7	9	3	1

69782
8 ÷ 2 = 4; 7 x 4 = 28;
28 + 9 = 37; 37 x 6 = **222**

Puzzle 175

7	2	9	3	4	8	6	5	1
1	8	6	7	9	5	3	2	4
4	5	3	2	1	6	7	8	9
8	3	7	5	2	1	4	9	6
2	4	1	9	6	3	5	7	8
6	9	5	4	8	7	2	1	3
5	7	8	1	3	4	9	6	2
9	1	4	6	5	2	8	3	7
3	6	2	8	7	9	1	4	5

87326
8 + 2 = 10; 10 x 6 = 60;
60 + 7 = 67; 67 x 3 = **201**

Puzzle 176

8	1	3	9	5	2	4	6	7
6	5	2	7	3	4	9	1	8
4	9	7	1	6	8	3	2	5
5	2	9	4	8	6	1	7	3
7	4	1	3	2	9	8	5	6
3	8	6	5	7	1	2	4	9
9	6	4	8	1	7	5	3	2
1	7	5	2	9	3	6	8	4
2	3	8	6	4	5	7	9	1

92658
8 x 2 = 16; 16 x 9 = 144;
144 + 5 = 149; 149 x 6 = **894**

Puzzle 177

3	5	8	2	9	7	4	6	1
2	4	9	5	1	6	7	3	8
7	6	1	3	8	4	9	2	5
5	1	7	9	3	2	6	8	4
4	2	6	1	7	8	5	9	3
9	8	3	4	6	5	1	7	2
8	7	5	6	4	3	2	1	9
6	9	2	8	5	1	3	4	7
1	3	4	7	2	9	8	5	6

87326
7 x 6 = 42; 8 + 2 = 10;
42 x 10 = 420; 420 - 3 = **417**

Puzzle 178

5	7	8	9	2	4	1	6	3
4	6	2	3	5	1	8	7	9
3	9	1	6	7	8	5	2	4
8	3	4	7	1	6	2	9	5
1	2	7	4	9	5	3	8	6
6	5	9	2	8	3	4	1	7
2	8	3	5	6	7	9	4	1
9	4	6	1	3	2	7	5	8
7	1	5	8	4	9	6	3	2

92658
8 x 2 = 16; 16 x 9 = 144;
144 + 5 = 149;
149 x 6 = **894**

Puzzle 179

8	5	7	1	2	4	3	6	9
1	4	6	9	3	7	5	8	2
2	3	9	6	5	8	1	7	4
5	1	8	3	4	2	7	9	6
6	9	3	8	7	1	4	2	5
4	7	2	5	6	9	8	3	1
3	8	4	2	1	6	9	5	7
7	2	5	4	9	3	6	1	8
9	6	1	7	8	5	2	4	3

19378
9 x 8 = 72; 72 - 3 = 69;
7 + 1 = 8; 69 x 8 = **552**

Puzzle 180

5	2	8	7	1	6	4	9	3
6	4	7	5	3	9	1	2	8
9	1	3	2	4	8	6	7	5
3	7	5	1	8	2	9	4	6
1	8	4	9	6	5	2	3	7
2	9	6	4	7	3	5	8	1
4	6	2	3	5	7	8	1	9
7	5	1	8	9	4	3	6	2
8	3	9	6	2	1	7	5	4

57129
2 + 1 = 3; 9 x 3 = 27;
27 x 7 = 189; 189 x 5 = **945**

Puzzle 181

5	7	4	8	9	6	3	2	1
6	2	8	4	1	3	9	5	7
1	9	3	7	2	5	6	4	8
4	1	6	5	3	2	8	7	9
7	3	5	1	8	9	4	6	2
2	8	9	6	7	4	5	1	3
3	4	1	2	5	8	7	9	6
8	6	7	9	4	1	2	3	5
9	5	2	3	6	7	1	8	4

8 1 3 2 6
6 x 3 = 18; 2 + 1 = 3;
18 x 3 = 54; 54 x 8 = **432**

Puzzle 182

9	7	8	3	5	2	1	6	4
2	6	1	8	9	4	5	7	3
3	4	5	7	1	6	9	8	2
1	9	3	6	2	8	4	5	7
4	5	7	9	3	1	8	2	6
6	8	2	4	7	5	3	9	1
8	3	6	2	4	9	7	1	5
5	2	4	1	8	7	6	3	9
7	1	9	5	6	3	2	4	8

7 3 1 8 6
6 + 3 = 9; 9 x 8 = 72;
7 + 1 = 8; 72 x 8 = **576**

Puzzle 183

2	7	4	6	8	3	1	9	5
6	8	9	4	1	5	2	3	7
1	3	5	2	7	9	4	8	6
7	6	2	5	9	1	8	4	3
9	5	3	8	4	2	7	6	1
8	4	1	3	6	7	5	2	9
4	1	8	9	5	6	3	7	2
5	2	6	7	3	8	9	1	4
3	9	7	1	2	4	6	5	8

9 8 2 7 5
7 x 5 = 35; 35 x 8 = 280;
280 - 2 = 278; 278 - 9 = **269**

Puzzle 184

1	3	7	5	8	4	9	6	2
5	2	8	7	6	9	4	3	1
4	6	9	3	1	2	7	5	8
6	5	3	4	9	1	8	2	7
9	4	2	6	7	8	3	1	5
8	7	1	2	3	5	6	4	9
2	8	5	9	4	6	1	7	3
7	1	4	8	5	3	2	9	6
3	9	6	1	2	7	5	8	4

4 5 3 8 6
6 x 5 = 30; 30 + 4 = 34;
34 x 8 = 272; 272 x 3 = **816**

Puzzle 185

4	9	6	7	1	5	8	3	2
1	2	3	8	6	9	4	7	5
7	5	8	2	3	4	6	1	9
6	1	4	9	7	3	2	5	8
5	3	7	4	8	2	1	9	6
9	8	2	1	5	6	3	4	7
2	6	1	5	4	7	9	8	3
3	4	5	6	9	8	7	2	1
8	7	9	3	2	1	5	6	4

1 7 5 6 2
5 x 2 = 10; 10 - 1 = 9;
9 x 6 = 54; 54 x 7 = **378**

Puzzle 186

6	5	2	1	4	7	8	9	3
1	8	4	2	3	9	6	7	5
3	9	7	8	6	5	2	1	4
9	7	5	4	2	8	3	6	1
2	4	3	6	7	1	5	8	9
8	6	1	5	9	3	7	4	2
7	2	8	3	1	4	9	5	6
4	3	9	7	5	6	1	2	8
5	1	6	9	8	2	4	3	7

9 6 5 3 4
4 x 3 = 12; 12 x 6 = 72;
72 x 9 = 648; 648 - 5 = **643**

Puzzle 187

7	3	8	2	6	5	1	9	4
4	5	2	9	7	1	3	6	8
9	6	1	3	4	8	7	5	2
5	7	3	4	1	6	2	8	9
8	9	6	5	3	2	4	7	1
2	1	4	7	8	9	5	3	6
1	2	5	6	9	7	8	4	3
6	4	7	8	2	3	9	1	5
3	8	9	1	5	4	6	2	7

3 8 1 4 5
4 + 3 = 7; 8 x 7 = 56;
56 + 1 = 57; 57 x 5 = **285**

Puzzle 188

9	5	4	7	2	6	1	8	3
2	6	1	3	8	4	5	9	7
3	8	7	5	9	1	6	2	4
7	9	6	8	4	3	2	5	1
4	1	5	9	7	2	8	3	6
8	2	3	6	1	5	7	4	9
1	3	9	2	6	8	4	7	5
6	7	2	4	5	9	3	1	8
5	4	8	1	3	7	9	6	2

7 5 1 6 9
6 + 5 = 11; 11 x 9 = 99;
7 + 1 = 8; 99 x 8 = **792**

Puzzle 189

4	5	1	6	2	8	7	9	3
9	6	7	3	4	5	8	2	1
8	3	2	9	1	7	5	6	4
2	4	9	8	5	1	6	3	7
5	8	3	2	7	6	1	4	9
1	7	6	4	3	9	2	5	8
3	1	4	5	8	2	9	7	6
7	9	5	1	6	3	4	8	2
6	2	8	7	9	4	3	1	5

7 3 6 9 4
9 x 3 = 27; 27 - 4 = 23;
7 + 6 = 13; 23 x 13 = **299**

Puzzle 190

5	9	2	4	8	3	1	6	7
1	8	4	6	7	2	3	5	9
7	6	3	5	9	1	4	2	8
9	5	8	1	2	4	6	7	3
4	7	6	3	5	8	2	9	1
2	3	1	7	6	9	8	4	5
3	1	7	9	4	6	5	8	2
6	2	5	8	1	7	9	3	4
8	4	9	2	3	5	7	1	6

4 7 9 1 8
9 x 8 = 72; 7 + 4 = 11;
72 x 11 = 792; 792 - 1 = **791**

Puzzle 191

8	3	5	6	4	7	1	9	2
9	2	1	8	3	5	4	7	6
6	4	7	9	1	2	3	5	8
7	9	6	4	8	1	5	2	3
4	5	8	7	2	3	6	1	9
3	1	2	5	9	6	7	8	4
2	6	4	1	5	9	8	3	7
5	7	3	2	6	8	9	4	1
1	8	9	3	7	4	2	6	5

6 4 3 8 1
4 + 3 = 7; 8 x 7 = 56;
6 + 1 = 7; 56 x 7 = **392**

Puzzle 192

1	8	5	9	2	4	3	6	7
9	4	2	6	7	3	1	8	5
3	6	7	5	1	8	9	2	4
2	1	6	7	9	5	8	4	3
8	5	9	3	4	2	7	1	6
4	7	3	8	6	1	5	9	2
5	9	8	4	3	6	2	7	1
6	3	1	2	8	7	4	5	9
7	2	4	1	5	9	6	3	8

8 1 9 6 4
6 + 1 = 7; 9 x 7 = 63;
8 + 4 = 12; 63 x 12 = **756**

Puzzle 193

3	8	7	9	1	4	6	2	5
1	5	4	7	2	6	9	8	3
9	6	2	3	5	8	7	4	1
6	2	1	4	8	7	5	3	9
7	4	3	2	9	5	8	1	6
5	9	8	6	3	1	2	7	4
2	3	6	1	7	9	4	5	8
8	7	9	5	4	3	1	6	2
4	1	5	8	6	2	3	9	7

2 3 8 4 7
$7 \times 4 = 28$; $8 + 2 = 10$;
$28 \times 10 = 280$; $280 - 3 = \mathbf{277}$

Puzzle 194

5	6	2	1	7	9	4	3	8
4	1	8	3	2	5	9	6	7
7	3	9	8	6	4	5	1	2
6	4	1	2	5	3	7	8	9
8	5	7	9	4	1	6	2	3
2	9	3	7	8	6	1	5	4
9	8	6	5	3	7	2	4	1
1	2	4	6	9	8	3	7	5
3	7	5	4	1	2	8	9	6

1 4 9 6 5
$6 \times 5 = 30$; $9 + 4 = 13$;
$30 \times 13 = 390$; $390 + 1 = \mathbf{391}$

Puzzle 195

8	9	1	6	7	2	5	4	3
6	2	4	5	8	3	7	1	9
3	5	7	4	1	9	2	8	6
9	1	2	7	4	6	3	5	8
5	7	6	1	3	8	4	9	2
4	3	8	9	2	5	6	7	1
1	6	5	3	9	4	8	2	7
7	8	3	2	5	1	9	6	4
2	4	9	8	6	7	1	3	5

4 8 7 6 2
$7 - 2 = 5$; $6 \times 5 = 30$;
$30 \times 8 = 240$; $240 \times 4 = \mathbf{960}$

Puzzle 196

9	8	7	1	5	4	3	6	2
2	1	6	7	3	9	5	4	8
4	5	3	6	8	2	1	7	9
1	6	4	8	9	3	7	2	5
7	3	8	5	2	1	4	9	6
5	2	9	4	6	7	8	3	1
6	4	2	3	1	5	9	8	7
3	9	5	2	7	8	6	1	4
8	7	1	9	4	6	2	5	3

1 9 2 8 7
$7 + 2 = 9$; $9 \times 9 = 81$;
$8 + 1 = 9$; $81 \times 9 = \mathbf{729}$

Puzzle 197

4	3	5	9	6	1	8	7	2
7	1	9	8	2	3	6	4	5
8	6	2	4	5	7	3	1	9
6	9	7	1	8	2	4	5	3
1	5	8	3	7	4	9	2	6
2	4	3	6	9	5	1	8	7
9	7	1	2	4	6	5	3	8
3	2	6	5	1	8	7	9	4
5	8	4	7	3	9	2	6	1

7 5 8 9 3
$8 \times 5 = 40$; $40 - 3 = 37$;
$9 + 7 = 16$; $37 \times 16 = \mathbf{592}$

Puzzle 198

6	5	8	1	2	4	9	7	3
1	4	7	8	9	3	6	5	2
9	2	3	5	7	6	8	1	4
3	6	5	2	8	1	4	9	7
8	1	4	7	3	9	5	2	6
2	7	9	4	6	5	1	3	8
7	9	1	6	4	2	3	8	5
4	3	2	9	5	8	7	6	1
5	8	6	3	1	7	2	4	9

8 1 3 6 4
$4 \times 3 = 12$; $6 + 1 = 7$;
$12 \times 7 = 84$; $84 \times 8 = \mathbf{672}$

Puzzle 199

9	7	3	8	1	5	4	2	6
8	6	4	9	7	2	1	3	5
1	5	2	4	6	3	8	9	7
6	1	9	7	3	4	5	8	2
2	3	5	1	8	6	9	7	4
7	4	8	2	5	9	6	1	3
5	8	1	3	4	7	2	6	9
4	9	7	6	2	8	3	5	1
3	2	6	5	9	1	7	4	8

6 8 9 3 4
$9 \times 8 = 72$; $72 + 3 = 75$;
$6 + 4 = 10$; $75 \times 10 = \mathbf{750}$

Puzzle 200

2	8	1	6	4	5	3	7	9
9	6	4	3	7	1	8	2	5
5	7	3	9	8	2	1	4	6
4	1	2	5	3	8	9	6	7
7	9	5	4	1	6	2	8	3
6	3	8	2	9	7	5	1	4
8	5	6	7	2	9	4	3	1
3	2	9	1	6	4	7	5	8
1	4	7	8	5	3	6	9	2

8 3 7 4 6
$8 \times 6 = 48$; $48 - 7 = 41$;
$41 \times 4 = 164$; $164 \times 3 = \mathbf{492}$

Puzzle 201

7	4	1	8	2	9	6	3	5
6	3	2	4	5	1	9	7	8
9	8	5	3	6	7	2	4	1
3	7	6	1	8	2	5	9	4
4	1	9	6	7	5	8	2	3
5	2	8	9	4	3	1	6	7
8	6	7	5	9	4	3	1	2
2	9	3	7	1	8	4	5	6
1	5	4	2	3	6	7	8	9

2 3 7 5 6
$6 \times 5 = 30$; $7 + 3 = 10$;
$30 \times 10 = 300$; $300 + 2 = \mathbf{302}$

Puzzle 202

2	9	4	3	1	8	7	6	5
5	3	6	2	7	9	1	4	8
1	7	8	4	6	5	2	9	3
9	4	5	1	8	7	3	2	6
7	1	2	9	3	6	8	5	4
8	6	3	5	4	2	9	1	7
4	8	7	6	9	1	5	3	2
6	2	9	7	5	3	4	8	1
3	5	1	8	2	4	6	7	9

5 6 1 4 9
$6 + 1 = 7$; $9 \times 7 = 63$;
$5 + 4 = 9$; $63 \times 9 = \mathbf{567}$

Quarto

First published in 2023 by Ivy Press,
an imprint of The Quarto Group.
One Triptych Place, London, SE1 9SH
United Kingdom
T (0)20 7700 6700
www.Quarto.com

ISBN 978-0-7112-9068-6

10 9 8 7 6 5 4 3 2 1

Compiled and designed by Tim Dedopulos and Roland Hall

Printed and bound by CPI Group (UK) Ltd, Croydon, CR0 4YY

FSC
www.fsc.org
MIX
Paper | Supporting
responsible forestry
FSC® C171272